"X着" 类介词的语法化研究

石　微　尚　伟　孙轶鸣◎著

吉林大学出版社

·长春·

图书在版编目（CIP）数据

"X着"类介词的语法化研究 / 石微, 尚伟, 孙轶鸣著. —— 长春 : 吉林大学出版社, 2023.7
ISBN 978-7-5768-2336-3

Ⅰ. ①X… Ⅱ. ①石… ②尚… ③孙… Ⅲ. ①汉语—介词—语法—研究 Ⅳ. ①H146.2

中国国家版本馆CIP数据核字(2023)第207906号

书　　名："X着"类介词的语法化研究

作　　者：石　微　尚　伟　孙轶鸣
策划编辑：殷丽爽
责任编辑：殷丽爽
责任校对：李适存
装帧设计：晨曦印务
出版发行：吉林大学出版社
社　　址：长春市人民大街4059号
邮政编码：130021
发行电话：0431-89580028/29/21
网　　址：http://www.jlup.com.cn
电子邮箱：jldxcbs@sina.com
印　　刷：长春市中海彩印厂
开　　本：787mm×1092mm　　1/16
印　　张：8.75
字　　数：150千字
版　　次：2023年7月　第1版
印　　次：2024年1月　第1次
书　　号：ISBN 978-7-5768-2336-3
定　　价：68.00元

目　　录

第一章　绪　论

第一节　介词与动词的区分标准

汉语的介词绝大部分是由动词演化而来的，有些介词直到现在仍然处于由动词向介词的演变过程中，动词与介词界限不清，对于二者的区分一直是个比较棘手的难题。由于我们的研究也涉及这一问题，因此有必要对这一问题加以说明，提出一个较为可行的标准。

区分介词和动词的前提是要全面认识介词的吾法特点，介词的语法特点是在与动词的比较基础上总结出来的。以往学者在这方面做了大量的工作，包括张志公、黎锦熙、刘世儒、赵元任、饶长溶、金昌吉、赵淑华、陈昌来等。在动词与介词的区分方法上，陈昌来认为正确的做法是，"把历时和共时结合起来，以共时为基点，并参照历时，厘清动词和介词典型的语法功能和语法特点，同时承认动介可以竞争，动介有一定的纠葛，纠葛是历时变化中的必然现象"①。马贝加提出义素分析法、语义结构分析法和次类比较法，以此区分历时发展中的动词与介词的性质。我们在总结以往学者研究的基础上，提出如下区分标准，并结合汉语实例说明。

（1）从句法上看，介词不能单说或单独回答问题，不能做谓语或谓语中心。介词短语也不能做谓语。介词具有附着性，必须带宾语，宾语以体词性词语为主，有时也可带谓词性词语。介词不能重叠。介词短语一般做状语或补语，修饰或补充说明谓词性词语。如：

他父亲死了，做娘的度日不过，从九岁卖在王招宣府里，习学弹唱，闲

---

① 陈昌来.汉语介词的发展历程和虚化机制［J］.柳州职业技术学院学报，2002（3）：21.

常又教他读书写字。（明兰陵笑笑生《金瓶梅》第1回）

此例中介词"从"定位附着在动词"卖"前面，构成介词短语修饰谓语动词"卖"，作状语，表示动作行为开始的时间。此处的"从"不能重叠，在介词产生的过程中失去了源词的时间性特征，这是介词不能重叠的重要原因。

（2）从语义上看，介词一般由动词某个义项发展而来，在区分介词与动词时，需要确定该介词由动词的哪个义项发展而来。而由动词向介词的发展过程中，动词表示具体词汇意义的义素逐渐脱落，词汇意义弱化，语法意义增强，最终词汇意义完全被语法意义取代，由动词到介词的语义演变完成。如：

《汉语大词典》中动词"按"共有9个动词义项[①]，介词"按"是由表示"查验、考核"的动词"按"发展而来的，在发展过程中，动词"按"经历了"查验、考核"义逐渐衰落、"依据、按照"义逐渐增强的过程，这一过程是"按"的受事对象逐渐扩展的结果，扩展后的受事反作用于"按"，使其由可重新分析的动介两可状态转变为意义明确的介词。

王者南面视荚生落，则知日数多少，不须烦扰**案**日历以知之也。（东汉王充《论衡·是应》）

然则公孙臣知黄龙将出，**案**律历以处之也。（东汉王充《论衡·知实》）

中山卫叔卿服之，积久能乘云而行，以其方封之玉匣之中，仙去之后，其子名度世，及汉使者梁伯，得而**按**方合服，皆得仙去。（东晋葛洪《抱朴子内篇·仙药》）

第一个例子中"案"的宾语是"日历"，根据上下文语境，"案"的"查验、考核"的动词义明显，第二个例子中"案"的宾语是"律历"，"案"的意义向"依据"靠拢，但也可理解成"查验、考核"，第三个例句中的"按"很明显是介词，表示"依据、按照"。

（3）从使用频率上看，介词的产生过程不是一蹴而就的，都要经历萌

---

① 汉语大词典编辑委员会. 汉语大词典（第6卷）［M］. 上海：汉语大词典出版社，1990：588.

芽阶段、发展阶段，直到最终定型。一般而言，介词在产生之初，使用频率较低，句法位置不固定，介词性相对薄弱，随着时间的推移，使用频率会逐渐上升，介词性也更明显，但也不排除一些介词在产生之后使用频率一直很低，如"按"。因此，频率标准不能作为区分介词与动词的主要标准，它应该在上述两条标准基础上发挥作用。

第二节　本书研究主要内容

本书根据北京大学中文系1955、1957级语言班编写的《现代汉语虚词例释》、张斌主编的《现代汉语虚词词典》、侯学超主编的《现代汉语虚词词典》、吕叔湘主编的《现代汉语八百词》（增订本），以及陈昌来著的《介词与介引功能》，暂时确定"X着"类介词27个：

朝着、冲着、向着、沿着、本着、顺着、为着、依着、照着、凭着、奔着、靠着、趁着、借着、就着、随着、按着、挨着、乘着、当着、对着、尽着、冒着、循着、仗着、任着、比着。

研究内容包括以下几方面。

（1）细致描写现代汉语"X着"类介词的语法化过程。

（2）深入分析"X着"类介词语法化过程的动因和机制。

（3）确定"X着"类介词中"着"的性质。

第三节　语法化的动因和机制研究

（1）梅祖麟考察了现代汉语完成貌"动+了+宾"结构的来源，总结出"词汇兴替"和"结构变化"两种机制，这是对实词虚化机制的初步探索。

（2）解惠全提出，"实词虚化要以意义为依据，以句法地位的固定为途径"。虽然"语法化"与"实词虚化"不能完全划等号，但可以把这句话看作是打开动因和机制研究大门的一把钥匙。此后，语法化研究进入了一个全新的阶段，学者们不再满足于对语法化过程的描写，而是更热衷于对语法化过程背后的动因和机制进行探讨。"现代语法化研究时代的开始以对语法化动因和机制的特有关注为标志"。①

（3）刘坚等从句法位置的改变、词义变化、语境影响和重新分析四个方面分析了诱发、影响汉语词汇语法化的因素。认为上述四种因素从不同侧面对虚词的产生和形成过程发生影响，它们互相交错，共同推动词汇语法化的发生和发展。

（4）洪波认为重新分析是虚化的结果，不是虚化的动因。汉语实词虚化的机制有两种：一是认知因素，二是句法语义因素。

（5）石毓智从语言系统的时间一维性特征出发，探寻介词的演变过程。同一个句子，如果包含多个发生在同一时间位置的动词，有一个而且只能有一个可以具有与指示时间信息有关的句法特征。这个动词称作主要动词，其余的为次要动词。那些引进与动作行为密切相关事物（如施事、受事、地点等）的动词用作次要动词的频率极高，句法位置逐渐固定，最后，在时间一维性的制约下，失去了普通动词的与指示时间信息有关的句法特征，从动词分化出来，成为一个独立的词类——介词。可以说，石毓智对介词的来源和演变过程的解释角度是全新的，论证也是非常深刻的。

（6）金昌吉认为结构上的不平衡是诱使动词向介词虚化的原因，由实到虚，由动到介，是语言自身调整和变异的结果。动词虚化的过程是词义由实到虚渐变的过程，此过程"以意义为依据，以句法地位为途径"。

（7）沈家煊介绍了国外对实词虚化机制的研究，提到了五种虚化机制：隐喻、推理、泛化、和谐、吸收。

（8）陈昌来指出，句法结构位置是诱发动词虚化为介词的基本前提，虚化为介词的动词首先得能充当连动句的第一个动词或者第二个动词，而实现这种虚化还需要动词词义泛化以至弱化、虚化。

（9）孙锡信总结出符合汉语语法演变的七种机制：认同、弱化、移位、泛化、类推、诱化和暗喻。

（10）马贝加认为动词和名词的次类变换也是汉语语法化的致变因素。

（11）邢志群通过汉语动词语法化的进程分析了动词句法演变和语义演

---

① 马清华.词汇语法化的动因［J］.汉语学习，2003（2）：15.

变过程中的机制和诱因。他认为动词语法化要经过三次重新分析：连动化—动词主次化—语法化／虚化，这三次重新分析由动作的自然顺序、中心词的确立、句子结构的简练性、句子成分的模糊性、句法功能的类推五种因素促成；语义演变要经过三个步骤：语法源义发展阶段—语法义发展阶段—语法源义消失、语法义强化阶段，每一步都受说话人和听话人的主观指称推理的影响。同时指出，句法演变的重新分析和语义演变的步骤是相辅相成的，它们的先后顺序只能是，先有语义的引申，后有重新分析或者语义引申和重新分析同时进行。

（12）马清华把语法化的动因和机制都归入语法化的动因中，他所提到的语法化动因包括：现实作用力、心理力量、语言接触、语言内部力量四个方面，并对后三个方面又做了细致的划分。

（13）刘丹青指出介词虚化的源头既有动词，也有名词，乃至其它词类。大多数介词仍处于由实词向虚词的语法化进程中，完全虚化的介词很少。其虚化的途径有两条：一是赋元动词是介词的重要来源之一；二是"连动句的句法环境"是汉语前置词来历的主流。

（14）张旺熹探讨了汉语动词衍生为介词的语义机制。汉语衍生为基本介词的动词具有非终结性的语义特征，这些动词在句法语义上都要求后续或追加动词短语，形成连动结构或兼语结构，以满足句子语义完形的要求。汉语介词可能是一部分非终结动词在连动结构或兼语结构中由语义降级而产生的句法后果。

（15）王寅、严辰松在介绍国外关于语法化的研究时，将影响语法化发生的因素分为动因和机制两方面。其中语法化的动因包括：语言接触、创新用法、误解和误用、语用理据。机制包括：重新分析和类推、隐喻和转喻、主观性和主观化。

（16）吴金花认为汉语动词的介词化是句法语义因素、同步虚化因素、认知因素及语用因素等多方面共同作用的结果。

（17）李宗江分析了语法化机制研究中一些代表性的观点，指出了它们的问题，并就语法化机制提出了自己的看法。李宗江认为各家提到的语法化机制之所以千差万别，原因是对"语法化机制"这一概念理解上的不同。具体的语法化机制包括：导致新的语法意义产生的机制，即隐喻和语用推理；导致新的语法功能产生的机制，即类推和重新分析。

当然，还有一些关于语法化的动因和机制的研究散见于语法化个案研究之中，不具有代表性，在此不赘。

综上，学者们对语法化现象进行深入分析解释时使用的概念是不同的，主要体现为"动因"和"机制"不分，其原因是对这两个概念的内涵认识不清，以致于在使用中混淆二者，使得上述成果中有关动因和机制的具体内容和指称范围都不尽相同，因此，厘清概念之间的差别就显得尤为重要。我们主张语法化研究中的动因（诱因）与机制是两个重要的概念，对这两个概念加以区别是必要的。我们赞同李宗江对动因的解释，"动因指的是一个实词或结构式在语法化发生时所处的条件"。通俗地说，动因（诱因）是用于回答"是什么条件促使语法化发生"的问题，而机制是用于回答"语法化怎样或如何发生"的问题，两个概念是完全不同的。由此，需要我们根据语言事实，详细考察和描写依据类介词的语法化过程，在此基础上分析这类介词发生语法化时所处的条件，并概括出引发此类介词语法化的机制，而不是不加分辨地套用现有的研究成果。语法化的动因和机制研究是语法化研究的重要内容，"虚化研究的最终目的不是弄清虚化的阶段和途径，而是要弄清词义演变的机制，也就是在日常语言使用中是如何引发词义虚化的"[①]。

第四节　本书的学术价值、理论意义和实践意义

（1）学术价值。从介词小类的系统角度揭示一类介词的产生发展过程。细致描写"X着"类介词各成员的语法化过程，并对照与之相关的"X"类介词，系统探讨"X"类介词的语法化过程与"X着"类介词的语法化过程之间是否存在相互影响，进而客观揭示"着"的性质。改善现有研究孤立地分析"X着"类介词，对与之相应的"X"类介词的状态关注不足，忽视介词内部各成员之间的相互影响的现象。

---

① 沈家煊.实词虚化的机制：《演化而来的语法》评介［J］.当代语言学，1998（3）：41.

　　（2）理论意义和实践意义。本书系统考察现代汉语"X着"类介词的语法化过程，这样的研究在一定程度上限制了研究范围，使研究具有可操控性，不仅能达到个案研究的深度，还能发现和解决个案研究无法发现和解决的问题，使现有研究向纵深发展，完善语法化理论。研究的结论能从历史角度解释现代汉语"X着"类介词句法表现背后的原因，指导教学实践，特别是针对留学生的第二语言教学。

第二章　对象介词的产生及发展过程

第一节　朝着

一、元明清时期的"朝"和"朝着"

介引对象的介词"朝"最早见于明代，表示所对者的功能，如：

（1）正在笑间，只见王姑子同了薛姑子，提了一个盒儿，直闯进来，朝月娘打问讯，又向西门庆拜了拜，说："老爹，你倒在家里。"（明兰陵笑笑生《金瓶梅》第57回）

（2）守诚犹公然不惧分毫，仰面朝天冷笑道："我不怕，我不怕！我无死罪，只怕你倒有个死罪哩！"（明吴承恩《西游记》第9回）

（3）把他那钻在草里睡觉，被啄木虫叮醒，朝石头唱喏，编造什么石头山、石头洞、铁也门、有妖精的话，预先说了。（明吴承恩《西游记》第32回）

（4）八戒、沙僧见行者行礼，也那转身朝三藏磕头道："师父，我等愚鲁，拙口钝腮，不会说话，望师父高坐法位，也让我两个各招个徒弟耍耍，也是西方路上之忆念。"（明吴承恩《西游记》第88回）

（5）花荣在马上拿着铁枪，朝秦明声个喏。（明施耐庵《水浒传》第34回）

介引对象介词"朝着"最早也见于明代，表示所对者，如：

（1）玉贞慌了，连忙上楼。那人也跟上楼，朝着玉贞拜揖。（明无名氏《风流和尚》第15回）

（2）这两员神将朝着真君声喏道："吾师有何法旨？"（明洪楩《清

平山堂话本·陈巡检梅岭失妻记》）

（3）那玳安就晓的不是路了，望六娘房里就走。走到房门前，打个咳嗽，<u>朝着</u>西门庆道："应二爹在厅上。"（明兰陵笑笑生《金瓶梅》第57回）

（4）行者道："<u>朝着</u>石头唱喏，当做我三人，对他一问一答，可是么？又说，等我编得谎儿停当，哄那弼马温去！可是么？"（明吴承恩《西游记》第32回）

（5）八戒道："师父啊，不知他是那家的亡人，教我<u>朝着</u>他哭！"（明吴承恩《西游记》第86回）

（6）行者就使个遁法，将身一小，脱出绳来，抖一抖毫毛，整束了衣服，耳朵内取出棒来，幌一幌，有吊桶粗细，二丈长短，<u>朝着</u>三个小妖道："你这孽畜，把你老爷就打了许多棍子！"（明吴承恩《西游记》第90回）

（7）许宣见晚了，怕这白娘子，心中慌了，不敢向前，<u>朝着</u>娘子跪在地下，道："不知你是何神何鬼？可饶我的性命！"（明冯梦龙《警世通言》第28卷）

（8）海陵正坐在书房里面，女待诏便走到那里，<u>朝着</u>海陵道："老爷恭喜！老爷贺喜！"（明冯梦龙《醒世恒言》第23卷）

（9）正要问和尚，这和尚见周、杨二人是个官府，便起身<u>朝着</u>两个打个问讯，说道："小僧是伏牛山来的僧人，要去武当随喜的。偶然搭在宝舟上，被众人欺负，望二位大人做主。"（明冯梦龙《喻世明言》第19卷）

（10）这一班人走近，<u>朝着</u>梁主叩头，奏道："陛下仁民爱物，恻隐慈悲。我等俱是太庙中祭祀所有牲体，百万生灵，明日一时就杀。伏愿陛下慈悲，救宥某等苦难，陛下功德无量。"（明冯梦龙《喻世明言》第37卷）

（11）统领着许多军马，一齐都来<u>朝着</u>梁中书呼三声喏。（明施耐庵《水浒传》第12回）

（12）走出林子外，抬头看时，那喜雀<u>朝着</u>燕青噪。（明施耐庵《水浒传》第62回）

清代，表示对象的"朝着"使用频率略有增加，如：

（13）主人一齐敬完之后，他一定要还敬，斟了酒还不算，又深深作了

一个揖，又<u>朝着</u>众人作了一个揖，说了声"有僭"，然后坐下吃酒。（清李宝嘉《官场现形记》第8回）

以上用例可见，介词"朝"和"朝着"引进的所对者，不仅可以是人，也可以是物；其不同点是"朝"的宾语多为名词，"朝着"的宾语可以是名词，也可以是名词性短语。从使用频率看，介词"朝着"引进对象用例明显高于介词"朝"。与之相对的是，介词"朝"引进方向的用例明显高于介词"朝着"。以上使用情况说明，介词"朝"和"朝着"虽然都可引进方向和对象，但"朝"更倾向于引进方向，而"朝着"更倾向于引进对象；"朝"后宾语多为单音节，"朝着"后宾语更倾向于双音节及双音节以上的词或短语。

二、现代汉语中的"朝着"

现代汉语语料中，表示对象的介词"朝着"宾语范围进一步扩大，宾语不仅可以是指人的名词，还可以是表示抽象概念的名词，如"目标""世界""远景""趋势"等。

（1）她又<u>朝着</u>笑得抱着肚子的玉子说："都是她的事。"（冯德英《苦菜花》）

（2）刘用手一抹，<u>朝着</u>周围群众高喊："快闪开！"（1994年人民日报）

（3）"造物主的做法跟咱们不一样"，迪希先生说，"整个人类的历史都<u>朝着</u>一个伟大的目标前进，神的体现。"（詹姆斯·乔伊斯《尤利西斯》）

（4）他失去了从事工作和<u>朝着</u>一个固定目标稳步前进的能力，但是他比任何时候都来得通达和正直。（维克多·雨果《悲惨世界》）

（5）听着一阵阵风送来的雨点声，她的神经渐渐地安静了下来。火车正穿过黑暗，<u>朝着</u>一个更新的世界疾驶而去。（西奥多·德莱塞《嘉莉妹妹》）

（6）一度停止的攀登又继续下去，<u>朝着</u>既定的目标，<u>朝着</u>事业的辉煌的远景……她轻轻地背诵着，沿着林阴小路缓缓走来，夕阳的斜晖为她的倩

影勾画出一道金灿灿的轮廓。（霍达《穆斯林的葬礼》）

（7）伊文斯一开始就是<u>朝着</u>这个目标前进的，是他把降临派变成一个由极端环保主义者和憎恨人类的狂人构成的恐怖王国！（刘慈欣《三体》）

（8）现在，天空晴朗湛蓝，风儿正吹满篷帆，他<u>朝着</u>亲自选定的那个目标启碇开航了。（张承志《黑骏马》）

（9）随着科技与交通的日益发达，世界各国各地区的交流越来越频繁，整个世界似乎变小了，变成了一个"地球村"，各种文化的相互影响、相互渗透成为必然，它们都<u>朝着</u>一个国际化的结合趋势发展。（朱旭初《当代中国画争论之我见》）

（10）它的一生只有四十几天，却一刻也不停息地<u>朝着</u>一个目标努力，吐丝、结茧，牺牲自己，直到吐完最后一根丝，才停止了自己的奋斗。（曹石《春蚕赋》）

（11）可我偏要气他，因为我受了气，<u>不朝着</u>他出朝谁出？（刘岩《一群快活的"小狗崽"》）

（12）红日东升，彩霞满天，伟大的祖国正一日千里地<u>朝着</u>工业化飞奔。（陈直鑫、王铁栓、刘醒世《战斗的岗位》）

（13）陈荣材又<u>朝着</u>他们说："老乡们，你们不常乘长途汽车，如果路上觉得头晕，或者有什么不舒服的地方，可以告诉我，车上预备有一些简单的药品。"（吕韶羽《一路平安》）

（14）二氧化硫、二氧化碳率领着工业废气，挟裹着尘埃，<u>朝着</u>春姑娘包剿过来。（陆若冰《招考》）

（15）那两位扯起风帆的小姑娘回转身来<u>朝着</u>我哈哈大笑。（白桦《天上一人间》）

第二节　冲着

一、元明清时期的"冲"和"冲着"

1. "冲"

"冲"在元明清时期仍是动词，但却已经具备了发展为介词的条件：其一，动词"冲"出现在"冲+宾语+（而）+动词+（宾语）"的句法结构中；其二，"冲"后宾语的语义可理解为所对物。至此，动词"冲"已经具备了发展为对象介词的条件，而在这一时期的语料中，"冲"的动词属性并未完全消失，并未发展为典型的介词，还处于动词向介词发展的中间环节。这一环节最典型的表现是在清代，"冲"出现在"冲+宾语+（而）+动词+（宾语）"环境的频率明显增加，开始逐渐向介词靠拢。

（1）曾得个几星霜，多年岁，为甚么松杉作洞，花木成蹊？往时节将嫩苗跑土栽，今日呵见老树冲天立。（元王子一《刘晨阮肇误入桃源》第3折）

（2）阿巧回家，惊气冲心而殒。女闻其死，哀痛弥极，但不敢形诸颜颊。（明冯梦龙《警世通言》第38卷）

（3）真君见一道妖气冲天而起，乃指与甘、施二人曰："此处有蛟党未灭，可追去除之，以绝其根！"（明冯梦龙《警世通言》第40卷）

（4）但见浓尘毒雾之中，有白气一缕，冒烟冲空而去，众望之曰："逃一狐矣。"（清蒲松龄《聊斋志异》第2卷）

（5）少年跃登几上，化为鸦，冲帘飞出，集庭树间，四顾室中，作笑声。主人击之，且飞且笑而去。（清蒲松龄《聊斋志异》第12卷）

（6）家人往，如其言，炽火穴中，有巨白蛇冲焰而出。（清蒲松龄《聊斋志异》第5卷）

（7）及归，则中门严闭，扣之不应。排闼而入，渺无人迹。方至寝室，一巨狼冲门跃出，几惊绝。（清蒲松龄《聊斋志异》第5卷）

（8）周奔入，仆冲户而走。成在门外，以剑击之，断其肩臂。（清蒲松龄《聊斋志异》第1卷）

（9）现在外面还在缇骑四出，徐、麦两人王出去打听哩！胜佛心里着急，冲口问道："陆皓东被捉吗？"（清曾朴《孽海花》第34回）

（10）此时，众人已被习迈彭灌足米汤，不由己的冲口而出，一齐说道："大人是我们军门的盟弟，军门过去了，大人就是我们的主人，谁敢说得一句什么！要是有人说话，标下亦不答应他，一定揍他。"（清李宝嘉《官场现形记》第49回）

（11）滑氏又怒又急，便冲口说道："别的我与了俺兄弟了。"（清李绿园《歧路灯》第40回）

（12）只见胡同口一股浓烟，冲天而起，金子安道："不好！真是走了水也！"（清吴趼人《二十年目睹之怪现状》第67回）

（13）只见帐子里面大喝一声道："被人看破行藏，不可再住，我去也！"突地跳下一只绝大的狐狸，冲人而去。（清西周生《醒世姻缘传》第42回）

2."冲着"

介引对象的介词"冲着"形成于清代，介引的对象也都是指人名词。如：

（1）说完，就冲着雯青道："老伯说是不是？"（清曾朴《孽海花》第19回）

（2）说着，已经踱了进来，冲着彩云道："明天你又要上哪儿去了？"其时阿福得空，就捱身出房。（清曾朴《孽海花》第12回）

（3）李继善方才不语。忽地跟兔一掀帘子，冲着李继善说："老爷的条子到！"（清蘧园《负曝闲谈》第29回）

二、现代汉语中的"冲着"

现代汉语中，对象介词"冲着"宾语的范围进一步扩大，不仅是指人名词，还可以是表示抽象概念的名词、名词性短语。如：

（1）善卫颇感畏缩，说道："对不起，我来迟了。"他冲着众人鞠了一躬，并询问白天打电话的男子在不在，却毫无头绪。（野坂昭如《萤火虫之墓》）

（2）于科长噢，秦大夫，<u>冲着</u>佟小姐你也不能走！坐下！（老舍《面子问题》）

（3）马车进入官邸，官邸的几扇大门<u>冲着</u>几个好奇的人立刻关上了。（大仲马《王后的项链》）

（4）这么大的一个工厂他都不管，那共产党还要他这个市长干什么？<u>冲着</u>1989年春夏那会儿他在厂门口说的那番话，李市长会是你们说的那种人吗？（张平《抉择》）

（5）末了，他别转脸去，嗓音有点发哑地说："不瞒三位，若是平日，<u>冲着</u>三位的一番诚心，小老也就放三位进去了。（刘斯奋《白门柳》）

（6）这样的决心他已经不知下过有多少回了！他有多少回想<u>冲着</u>世俗的欲念碑唾沫，可每次都禁不起诱惑而放弃。（艾萨克·巴什维斯·辛格《冤家，一个爱情故事》）

（7）剧团的负责人、主要演员都到场看了，一半是<u>冲着</u>云致秋的面子去的。（汪曾祺《云致秋行状》）

（8）如果像老师这样的高僧，模仿新来的云游僧做这样的修行形式，那么他的谦虚精神就有值得人们震惊的地方。可是，我不知道老师是<u>冲着</u>什么才变得如此的谦虚？（三岛由纪夫《金阁寺》）

（9）这怎么行，聪明的家伙容易跑掉或者偷马，总之爱捣乱，就<u>冲着</u>他那股聪明劲儿，你也得减去一二百块钱。（比彻·斯托夫人《汤姆叔叔的小屋》）

（10）的确，且别说眼下正是新年喜庆，按惯例都讲究图个吉利，就<u>冲着</u>刚才大家正高高兴兴地谈到太宗皇帝的勋业，钱谦益竟然哭了起来，实在是极之不敬，也极之不祥。（刘斯奋《白门柳》）

（11）他这么表示了之后，按照礼仪，接下来就该由柳如是以侍妾的身份奉上酒来，由陈夫人给丈夫饯行。但<u>冲着</u>刚才她那股蛮劲儿，钱谦益已不敢指望柳如是肯这么做。（刘斯奋《白门柳》》

（12）我就是<u>冲着</u>他的漫画成就，来访问他的。（徐宝富《詹同话漫画》）

（13）一开火，大家可以"地形利用"地在几尺高黄黄的麦丛下面作掩

护，一冲锋，好象神不知鬼不觉似的从麦田<u>冲着</u>许多巷堂就扑过去了。（周文《第三生命》）

（14）我就在"一反常态"四个字上做文章，比如当说到"刘署长已经吩咐下来，<u>冲着</u>魏老板的面子，马上就放！"（韩敬如《学习与借鉴》）

（15）周士勤听了这一番话先受了感动，宽慰张金发说："村长，你放宽心吧，<u>冲着</u>你这番心意，我们也得好好二，不蒸包子还得争口气哪！"（浩然《金光大道》）

综上，从上述用例可知，现代汉语中，"冲着"后的宾语不仅可以是指人的具体名词或名词性短语，还可以是表示抽象概念的"面子""诚心""心意""聪明劲儿""成就"等，由此可见，表示对象的"冲着"直至现代汉语其介词属性才更加显著。

第三节　向着

一、元明清之前的"向"

介引对象的介词"向"在魏晋南北朝时期已经出现。如：

（1）是时长老阿难一心合掌，<u>向</u>佛涅槃方作如是说：佛初说法时，尔时我不见，如是展转闻，佛在波罗奈，佛为五比丘，初开甘露门，说四真谛法，苦、集、灭、道谛。（南朝梁释僧佑《出三藏记集》第1卷）

（2）至中困道人为小儿就主人索食。得一小堀食状如熟艾。食之饥止。<u>向</u>冥道人辞欲还去。（南朝梁慧皎《高僧传》第2卷）

（3）有商将一比丘名毗卢旃，在城南杏树下。<u>向</u>王伏罪云："今辄将吴国沙门来在城南杏树下。"（北魏扬衒之《洛阳伽蓝记》第4卷）

至唐，对象介词"向"的用例更加广泛。如：

（1）于是白庄语诸徒党："莫<u>向</u>人说，恐怕人知。来日斋时，劫此寺去。"（《敦煌变文校注》第2卷）

（2）死尸弃如尘，此时<u>向</u>谁说。（《寒山诗校注》）

（3）五嫂回头笑<u>向</u>十娘曰："朝闻乌鹊语，真成好客来。"（唐张鷟

《游仙窟》）

（4）洞山云："阇梨他后住一方时，忽有人问作摩生<u>向他</u>道？"（《祖堂集》第8卷）

（5）主事<u>向</u>和尚说："僧众不肯和尚佛法，总发去。"（《祖堂集》第8卷）

（6）过江了，<u>向</u>行者云："你好去。"（《祖堂集》第2卷）

宋代，对象介词"向"后的宾语未见扩展，仍延续前代用法。如：

（1）赵州是作家，只<u>向他</u>道："问事即得，礼拜了退。（宋圆悟克勤《碧岩录》）

（2）这老汉也不忙，缓缓地<u>向他</u>道："老僧被汝一喝。"（宋圆悟克勤《碧岩录》）

（3）不可眼光欲落未落时，且<u>向</u>阇家老子道："待我澄神定虑少时，却去相见得么？"（宋徐梦莘《三朝北盟会编·大慧普觉禅师书》）

（4）祖曰："<u>向</u>汝道无名无字，汝便唤作本源佛性？"（宋普济《五灯会元·六祖大鉴禅师旁出法嗣》）

二、元明清时期的"向"和"向着"

元代，对象介词"向"继续沿用前代用法。如：

（1）吃黄连，心苦<u>向</u>谁言？无处语，莫得告苍天。（元萧德祥《小孙屠》第11出）

（2）郭和<u>向</u>常氏道："这个肉珠作怪！珠内有禾，莫是田禾之宝？"（《新编五代史平话·周史平话上》）

（3）郭威<u>向</u>郭科把别后的事一一说了一遍。（《新编五代史平话·周史平话上》）

同时期，介引对象的介词"向着"出现。明代以后，用例渐多。如：

（1）有一个将瓜锤亲手举，有一个触槐树早身殂。又一个恶犬儿只<u>向着</u>这穿紫的频去扑。（元纪君祥《向着赵氏孤儿大报仇》第4折）

（2）又无个过往的人，左右的邻，你叫我<u>向着</u>那一搭儿盘问？（元王仲文《救孝子贤母不认尸》第2折）

（3）那老汉子向着三藏师徒倒身下拜，婆子也无数的磕头。（明无名氏《续西游记》第21回）

（4）只见巡林夜叉，在那里应声拱手，向着一个毛头毛脸猴子像的和尚讲话。（明无名氏《续西游记》第33回）

（5）老官又向着行者、八戒们说："列位，你师父说的固是，只恐如今那妖魔不依你老实。"（明无名氏《续西游记》第36回）

（6）行者心自裁划，那妖魔暗把镜子悬在手里，向着行者照来，也呵呵大笑道："猴精！空费了你心机！这上、中、下三计都不中用！"（明无名氏《续西游记》第62回）

（7）李勉听了这话，惊得身子犹如吊在冰桶里，把不住的寒颤，向着路信倒身下拜道："若非足下仗义救我，李勉性命定然休矣！大恩大德，自当厚报，决不学此负心之人。"（明冯梦龙《醒世恒言》第30卷）

（8）太尉命厨下一面办斋，向着和尚道："吾师肯相伴先饮数杯酒么？"（明罗贯中《三遂平妖转》第11回）

（9）正想细问情由，不道那贵官就匆匆的向着凤孙拱了一拱手道："兄弟先偏了！"（清曾朴《孽海花》第23回）

（10）回过头来向着胜佛和屋角里正在叮齿打架的小玉道："是不是？我们既出口了，其实断不会失信！"（清曾朴《孽海花》第35回）

（11）子期道："既系年家，门楣相对，只须向着贾公求取庚帖，可以立妥，何必过为愁烦耶。"（清烟水散人《珍珠舶》第14回）

三、现代汉语中的"向着"

现代汉语中，介引对象的介词"向着"出现的语境进一步扩展，其后的宾语范围进一步扩大，由指人名词向表示抽象概念的名词或短语"目标""文明""前程""专制""方向"等扩展。如：

（1）在那里，话是从真理的深处说出；在那里，不懈的努力向着"完美"伸臂；在那里，理智的清泉没有沉没在积习的荒漠之中。（萧枫、竭宝峰、李慧《亚非现代名著导读》）

（2）唯其以自己的劳动和生命向着"利害的""经济的"生活突击，

于是超"利害的"，超"经济的"爱和爱的力就又那样的强毅，那样的浑然而朴真。（朱自清《语文零拾》）

（3）他这态度中有一种毛病，就在他不肯去整理事情，不肯去求事情的进步，只让一切事情<u>向着</u>一个不确定的目标任意迁流下去。（西奥多·德莱塞《珍妮姑娘》）

（4）波拿巴占据了政府，老早以来，就公然<u>向着</u>专制暴政发展。在本质上截然不同的党派都激烈反对他。（夏多布里昂《墓畔回忆录》）

（5）开通，好学，随和，机灵，传统文化也学得会，社会现实也周旋得开，却把心灵的门户<u>向着</u>世界文明洞开，敢将不久前还十分陌生的新知识吸纳进来，并自然而然地汇入人生。（余秋雨《上海人》）

（6）家庭的爱从她的屋角外窥，送给我掠过的秋波。我用渴望的眼光从我的心窗中<u>向着</u>世界的心凝望。我感到把它一切的好处和坏处算在一起，它总是可爱的。（冰心《冰心全集》第4卷）

（7）至于这船的"破"，这船的"慢"，那些小节目，人们早抛开了，只是<u>向着</u>中国整个的远大的前程迈进着。（萧红《马伯乐》）

（8）妇女大众的组织问题——虽因地域、习惯、客观可能和妇女主观接受程度各有不同而异其趣，但原则上应<u>向着</u>达到使各地组织的群众性、统一性和民主性的目标前进，不管开始时用何种姿态出现，主要地要使这一组织形式和工作内容，能为广大群众所了解所爱护和乐意于参加组织生活和工作。（《当前妇女运动特点及其任务》节录）

（9）中国人民经过一系列的斗争，推翻了帝国主义、封建主义和官僚资本主义的统治，建立了工人阶级领导的人民民主政权，确定了过渡时期的总路线，制定了改造自然改造社会的伟大的五年计划，<u>向着</u>社会主义社会的目标一步步地胜利前进，这在认识上就全靠有马克思列宁主义理论的指导。（王若水《哲学常识》）

（10）透过这个"影"，我们可以看到，不管是矗向高空，还是深入地下，房屋建设迅速<u>向着</u>现代化、电子化方向发展已是毫无疑义的了。（梁金润《当今世界房屋剪影》）

（11）一会走过一个卖玫瑰的女郎，我们怂恿他买一束花做初见面的礼

物，他含笑想了一下，就挑了一束红的托那卖花女送到隔座，那女人向着老任微微地一笑表示谢意。（小默《欧游慢忆》）

综上，对象介词"向着"在元代出现之后就表现出了与"向"不同的一面，对象介词"向"的宾语主要是单音节或双音节的指人名词或代词，而对象介词"向着"后的宾语多为双音节以上的指人名词性短语，说明"向着"的出现并不是对"向"的用法的简单复制，而是进一步扩展了"向"的用法，两者的宾语基本形成了互补的局面。至现代汉语，对象介词"向着"的用法继续扩展，宾语由指人的具体概念扩展到表抽象概念的词或短语，其介词属性也进一步增强。

第四节　当着

一、元明清时期的"当着"

介引对象的介词"当着"形成于明代。如：

商量定了，道人当着女儿劝未央生出门游学，未央生假意不肯，道人正颜厉色苦说一番，未央生方才依命。（明风月轩又玄子《浪史奇观》第3回）

清代，对象介词"当着"的使用频率略有增加。如：

（1）牛姑爷，我至不济，也是你的舅丈人、长亲！你叫我捧茶去，这是没奈何，也罢了。怎么当着董老爷臊我？这是那里来的话！（清吴敬梓《儒林外史》第22回）

（2）贾母道："提起姊妹，不是我当着姨太太的面奉承，千真万真，从我们家四个女孩儿算起，全不如宝丫头。"（清曹雪芹、高鹗《红楼梦》第35回）

（3）宝玉又隔窗说道："不可当着宝姑娘说，仔细反叫莺儿受教导。"（清曹雪芹、高鹗《红楼梦》第60回）

二、现代汉语中的"当着"

现代汉语中，介引对象的介词"当着"宾语范围进一步扩大，不仅可以是指人的名词或短语，也可以是指身体器官的名词或短语。如：

（1）梁太太叹道："怪来怪去，都怪你今天当着丫头们使性子，也不给你自个儿留一些余地！（张爱玲《沉香屑·第一炉香》）

（2）尤金看见有人拼命鼓掌唤一个学生演一出爱尔兰独脚戏。他戴上绿胡子，当着人们把它整整好。（西奥多·德莱塞《天才》）

（3）正题：这种事当着人你能承认吗？反题：把话说明点，我王仙客是这种人吗？（王小波《怀疑三部曲》）

（4）对方提出分手时，他当着人家用烟头烫自己手腕，烫得大火疤一个一个的。（王小波《东宫·西宫》）

（5）翠姨也坐到沙发上，便将金铨手上的雪茄，一伸手抢了过来。皱着眉道："我就怕这一股子味儿，最是你当着人对面说话，非常地难受。"（张恨水《金粉世家》）

（6）"你没有当着他们谈你自己的看法吧？""我当然没有。"（莫应丰《将军吟》）

（7）"你以为我一个人当着他们那么多双眼睛能吃得下去吗？""你就在这里吃，吃了再进去。"（张贤亮《灵与肉》）

（8）我预感到菲菲家里出了大事，不然，这位国防科学家的女儿，是绝不会当着我这个局外人暴露这个机密的。（张赶生《请睁开你的眼睛（上）》）

（9）有好几回妈妈当着她的面泪水浸浸地叹气，"孩子，我们高攀不上。"（朱荣山《这里正当早晨》）

（10）排长用嘴巴当着他的耳朵低声地说："快走！"（东平《兔子的故事》）

（11）刚才，老杨当着大伙侮辱我们，我们坚决不接受。（束为《南柳春光》）

（12）"可是平时我错了，老师也是在课堂上当着全班同学的面大声给

我纠正，为什么我就不能同样给她纠正？"（《王朔文集》）

（13）校长<u>当着</u>全校师生和来校参加典礼的家长和来宾把《戴笠马克》这本有趣的传奇赠给都宾，书上还写了他的名字古利爱尔莫·都宾。（萨克雷《名利场》）

综上，对象介词"当着"在现代汉语中随着使用频率的增加及宾语范围的扩展，介词属性逐渐增强，也就是说，"当着"介引对象的用法直到现代汉语才逐渐定型。

第五节　对着

一、宋代的"对着"

对象介词"对着"最早见于宋代。如：

（1）那杨员外<u>对着</u>杨三官人说不上数句，道："明日是岳帝生辰，你每是东京人，何不去做些杂手艺？明日也去朝神，也交我那相识们大家周全你，撰二三十贯钱归去。"（刘坚、蒋绍愚《近代汉语语法资料汇编（宋代卷）·杨温拦路虎传》）

（2）相别了，便来到府里。<u>对着</u>郡王道："有鬼！"郡王道："这汉则甚？"（刘坚、蒋绍愚《近代汉语语法资料汇编（宋代卷）·崔待诏生死冤家》）

（3）把那前面话<u>对着</u>婆婆说了一遍，道谢尹宗："救妾性命。"（刘坚、蒋绍愚《近代汉语语法资料汇编（宋代卷）　万秀娘仇报山亭儿》）

二、元明清时期的"对着"

元代以后，"对着"使用频率增加。如：

（1）（旦上悲科，云）孔目，你怎生<u>对着</u>小叔叔说这等话那？（正末云）大嫂，这等近礼的话，我也难对你说。（元岳伯川《吕洞宾度铁拐李岳》第2折）

（2）（卜儿上，云）我听的多时也！俺女孩儿<u>对着</u>荆秀才骂我，也

罢,荆秀才出去!(元贾仲明《荆楚臣重对玉梳记》第1折)

(3)玉楼道:"我就说他不来,李大姐只顾强去请他。可是他对着人说的:'你每有钱的,都吃十轮酒儿,没的俺们去赤脚绊驴蹄。'"(明兰陵笑笑生《金瓶梅》第23回)

(4)大将举着榜,对着家人大呼道:"赵郎及第了!赵郎及第了!"(明凌濛初《初刻拍案惊奇》第29卷)

(5)狄希陈把汗巾睡鞋的事从头对着两个舅子告诉,把素姐打骂的事情也对两个舅子说了。(清西周生《醒世姻缘传》第52回)

(6)天已向午了,忽然一个小孩子走进来,对着他道:"爸爸快回去罢,妈要起来了。"(清吴趼人《二十年目睹之怪现状》第6回)

三、现代汉语中的"对着"

现代汉语语料中,对象介词"对着"不仅可以介引"人",还可以介引能"面对"的所有"物"。如:

(1)这位老好人,这一天吃过晚饭,正对着一个又欢又旺的火炉烤火,一边等着烘烤栗子,一边用一根拨火的、一头已经烧焦的木棒,在火上比比划划,给他老婆和家里的人讲述古代有趣的故事。(弗朗索瓦·拉伯雷《巨人传》)

(2)当他与玛曼散步时,他对着一个石头踢了一脚,然后说,妈妈,我刚才踢了石头,现在我为它感到难过。玛曼确信她的儿子不仅有才华(他刚五岁就学会了阅读),而且特别敏感,与别的孩子截然不同。(米兰·昆德拉《生活在别处》)

(3)余占鳌从劈柴堆上爬起来。解开裤子,对着一个酒篓撒尿。(莫言《红高粱家族》)

(4)人们不客气地拒绝我,甚至连看都不看我一眼,好像我是在对着一堵墙壁说话。(毕淑敏《最晚的晚报》)

(5)但她毫不气馁,对着墙壁喊,对着水盆喊;清晨在园子里喊,夜晚睡在床上喊,喊呀喊的,终于喊出土嗓子的味道来了。(姚芳藻《"建筑师"成了歌唱家》)

（6）从小，他便喜欢沉思，对着天空、草原，对着山、水，对着触目所及的一切景物幻想。（林史敏《在地图上》）

（7）一刹那间，他变得那么沉静，微微仰着脸，对着帐篷顶儿，直眨动睫毛，好看的大眼睛里闪烁着光亮……（周竞《我骑着马儿过草原》）

（8）蒙台梭利说，如果把儿童限制在一个狭小的范围内，成人对着盒子里的蝴蝶，告诉儿童说："它们是活的，能飞。"（杨崇德《儿童心理学史》）

同时，介引的对象也经历了由实到虚的转变。如：

（1）这个性情暴烈的、被爱情控制的少年，对着一朝实现的欲望突然感到惊怖、厌恶。他觉得那些欲望可耻，为他想要去做的行为害臊。（罗曼·罗兰《约翰·克利斯朵夫》）

（2）这些革命运动的锋芒恰恰是正对着资本主义的统治，并且要求建立社会主义的生产关系。（王若水《哲学常识》）

（3）生活在四百多年前的米开朗琪罗对他有轻深的影响力，诸如雕像人体的形体处理、对人生的抽象思维等，同时又很鲜明地显示出其内涵已不同甚至完全有别于米开朗琪罗了，尽管他们在遥远的时间轨道上面对着同一个既古老又现实的问题。（张蔷《绘画新潮》）

（4）对着这样险恶的局面，文天祥不愿看 不忍看，但又不肯不看下去。（沈起炜《文天祥》节录）

（5）当他坐车回家时，他真想跳下电车，爬上全城的制高点枇杷山，对着喧闹的山城，对着长江嘉陵江，对着祥云般的冬雾，对着不尽的历史和无际的宇宙，毕其全部的青春精力大喊一声。（杨贵云、谭力《一个没有学历的主编》）

从以上用例可见，对象介词"对着"在产生之初宾语往往是指人名词或代词，后逐渐由"人"到"物"，再到表示抽象概念的名词或短语，其宾语的扩展过程也是介词属性逐渐增强的过程。但是，由于"对"的"面对"义仍是其主导义项，所以在一些语境中，"对着"的介词用法仍留存着明显的动词痕迹，这表明直到现代汉语，"对着"也没有发展成介引"对象"的典型介词，仍处于动词到介词的演变过程之中，其动词属性和介词属性仍在继续纠缠。

第六节　照着

一、元明清时期的"照着"

对象介词"照着"形成于元代，用例较少，如：

他恼将起来，咬着牙拿起那水磨鞭，照着我就打来。（元关汉卿《尉迟恭单鞭夺槊》第2折）

明清时期，"照着"用例渐多，宾语不仅限于人及人的身体器官，还包括表示处所的名词或名词短语，如：

（1）行者见八戒骂他，即忙飞到树根下，变了一条小赤蛇，照着八戒脚下一口。（明无名氏《续西游记》第72回）

（2）两个领着老主之命，做一路儿追赶小官人，恰好在此遇见。过迁脱不开，心中忿怒，提起拳头，照着小四心窝里便打。（明冯梦龙《醒世恒言》第17卷）

（3）"不老何为？莫若将此灵明仍还了天地，倒得个干净。"大叫一声，提起玉火钳照着山石上摔得粉碎道："玉火，玉火！我不老婆婆为你累了一生，今日销除了也。罢罢罢！"（明无名氏《后西游记》第34回）

（4）平儿手里正掰了个满黄的螃蟹，听如此奚落他，便拿着螃蟹照着琥珀脸上抹来，口内笑骂"我把你这嚼舌根的小蹄子！"（清曹雪芹、高鄂《红楼梦》第38回）

（5）这日，来到一品香，见过主人之后，又照着众人作了一个揖。席上的人也有站起来拱手的，也有坐着不动的。（清李宝嘉《官场现形记》第7回）

（6）郢人以石灰如蝇翼之大，抹在鼻尖上，使匠人轮起斧斤，运斤成风，照着鼻尖用力砍去，把灰削的干干净净，鼻子还是好好，毫无损伤。（清李汝珍《镜花缘》第90回）

二、现代汉语中的"照着"

现代汉语语料中，介引对象的介词"照着"仍延续明清时期的用法，宾语的范围并没有出现扩大的迹象，如：

（1）军官们丝毫不加理会，有的甚至发起火来，捡起一块石子照着他们掷去。（福楼拜《萨朗波》）

（2）我正在这么想，我看见（因为树叶稀薄了我很能看清下面）大蝎的木棍照着一个猫兵的头去了。（老舍《猫城记》）

（3）刘絮云轻蔑地哼了一声，将纸团照着丈夫脸上掷去："醋罐子，看吧！"（莫应丰《将军吟》）

（5）有些人说得有鼻子有眼，却没有一句真话，气得我照着他们的脸就是一拳。（博尔赫斯《门槛旁边的人》）

（6）老板一听以为是一个同乡，照着他所指的就把一个大圆面包递给他了。（萧红《马伯乐》）

（7）问："同月27日，在你家后面的球场上，你照着罗庆美的左眼眶重重打了一拳，致使罗当场昏厥，口鼻流血，是不是事实？"（陈大文《我们就是原告》）

（8）李世杰气急了，脱下脚上穿着的落满黄土的千层底布鞋，照着儿子的头上就是一顿臭打："你这不知羞耻的东西，放着书不教，回来给我丢人败兴，我打死你这个不争气的孽种！"（武宝生《野女泪》）

（9）他立刻左右开弓挥起老拳，照着对方的肚子、肋骨、两腿，频频击去，肖万昌滚动、躲闪，不愧有些招数。但最后还是大口喘息了。（《张炜文集》）

（10）他跳到卡尔梅科夫面前，照着他的太阳穴上猛击一拳，脚踏着从卡尔梅科夫头上飞下来的军帽，把他拖到水塔的黑砖墙边。（米哈依尔·肖洛霍夫《静静的顿河》）

（11）他架开敌人的双手，由尾巴骨起，直至头顶，联成一气，照着张秃子的肚子顶了去。（老舍《小坡的生日》）

（12）这个军校学生"通"地一下，照着涂秋斋胸前打了一拳。（李准

《黄河东流去》）

以上"照着"后接具有处所、方位义，或具体实义的名词或名词性短语。现代汉语中，"照着"的宾语还经历了由实到虚的扩展，不仅可以介引具体的处所、方位，还可以介引表抽象义的名词或名词性短语，如："样子、意志"等。此时，介词"照着"的用法相当于介词"按"或"按照"。

（1）酋长犹犹豫豫地走了过来，也照着胡宁的样子，把眼睛挨近了镜头。（徐唯国《1091》）

（2）他们把全部精神都贯注在谈话上面，我走在他们身后，我的行动不会被他们注意，因此，我大胆地照着我的意志运用我不安定的眼睛了。（白朗《探望》）

综上，从介词"照着"的发展演变来看，介词"照着"的用法经历了介引对象到介引方向，再到介引依据的标准的演变。而这个演变链条正是隐喻这种认知机制在语言现象中的体现，对象是有形的实体，方向可以是具体的，也可以是抽象的，标准、规则往往是抽象的，所以这一链条是"照着"宾语由实到虚的反映，在这一过程中"照着"的语义也受到宾语扩展的影响，发生了由实到虚的演变。

第七节　奔着

一、现代汉语中的"奔着"

现代汉语中，介词"奔着"发展出介引"对象"的用法，宾语不仅可以是具体指人名词，还可以是指物名词或表示抽象概念的名词或名词性短语，如：

（1）说完，她用手挡起脸来，有泪无声的哭着，小纯奔着妈妈要奶吃。该伤心的地方多了；眼前，梅哭的是怕什么偏有什么。（老舍《集外》）

（2）是她那生在福地、长在难中、十一岁才见着亲爹的天星的爸爸，战争拆散了这个家庭，他大难不死，又回来了，奔着娘儿俩来了，她恨他，

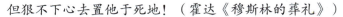

但狠不下心去置他于死地！（霍达《穆斯林的葬礼》）

（3）金有价银有价，人心人情没有价。你要是奔着铁饭碗和那点待遇去，我才不稀罕！（刘玉民《骚动之秋》）

（4）游客们真要上不了后山看不了楚长城，肯定会吵闹，因为咱竖在东岸的木牌子上写得清清楚楚是能看楚长城的，内中的不少人也是奔着这个来的看，凭啥不看？（周大新《湖光山色》）

（5）我表明了自己的来意，我是奔着他们的亲戚来的，想问问他是不是给他们留下了什么文件或纪念品之类的东西，他们对我的要求很是热心，一个到阁楼上去翻了半个小时，回来时拿着一叠用黄丝带扎起的泛黄的信件。（约翰·丹顿《达尔文的阴谋》）

（6）她是奔着她的那一半，奔着团圆去的，也是奔着收拾破碎山河的理想去的。（宗璞《东藏记》）

（7）你看咱们院的年轻人，除了薛纪跃可能受家里条件限制，发展不大以外，荀磊和他那对象小冯，都奔着翻译家的目标去呢。（刘心武《钟鼓楼》）

（8）野夫也就是奔着建立中国现代广告业而努力的。（1994年人民日报）

（9）今年就有世界著名的美酒之乡法国波尔多奔着宁夏的葡萄来了……（1998年人民日报）

（10）面对他的"傻劲"，有人百思不解，他却一语道出肺腑之言："咱干工作本是奔着部队建设来的。"（1995年人民日报）

（11）人生是这样的奇妙，每个少年都有美丽的梦想，而能够奔着目标去的，惟有执着的吧！（六六《王贵与安娜》）

（12）许多千里万里而来的中外投资者，就是奔着南田温泉来的。（1993年人民日报）

综上，介词"奔着"的用法比较单纯，发展链条也较单一，其后宾语除了表抽象义的"目标"之外，其他抽象义的名词或短语少见。由于"奔"在现代汉语中还是一个动词，未表现出语法化的趋势，这在一定程度上限制了"奔着"继续虚化。

第三章　方向介词的产生及发展过程

第一节　朝着

一、元明清时期的"朝"和"朝着"

1. "朝"

方向介词"朝"据马贝加考证在元代已有近似用例，明代已常见。由此可见，元代应该是方向介词"朝"的萌芽时期，使用频率较低，介词用法还不稳定。而在我们搜索的明代语料中，方向介词"朝"的用例较多，其宾语多为表示单音节方位词，"朝"的介词的属性已经很明显，如：

（1）板闼门那甚么门？朝南开着一个小墙门便是。（元无名氏《朴通事》）

（2）这般摆队行到鼓楼前面，朝东放着土牛，芒儿立在牛背后。（元无名氏《朴通事》）

（3）府尹看了一遍，将武松叫过面前，问道："你如何打死这李外传？"那武松只是朝上磕头告道："青天老爷！小的到案下，得见天日。容小的说，小的敢说。"（明兰陵笑笑生《金瓶梅》第10回）

（4）那桂姐听毕，撤了酒席，走入房中，倒在床上，面朝里边睡了。（明兰陵笑笑生《金瓶梅》第12回）

（5）走出明间，朝外设下香案。西门庆焚了香，这潘道士焚符，喝道："值日神将，不来等甚？"（明兰陵笑笑生《金瓶梅》第62回）

（6）八戒道："不瞒师父说，老猪自从跟了你，这些时俊了许多哩。若象往常在高老庄走时，把嘴朝前一搯，把耳两头一摆，常吓杀二三十人

哩。"（明吴承恩《西游记》第20回）

（7）行者又将请菩萨、收童子之言，备陈一遍。三藏听得，即忙跪下，<u>朝南</u>礼拜。（明吴承恩《西游记》第43回）

（8）那老母用手<u>朝西</u>指道："那里去，有五六里远近，乃是灭法国。那国王前生那世里结下冤仇，今世里无端造罪。"（明吴承恩《西游记》第84回）

以上用例可见，方向介词"朝"后的宾语多为单音节方位词，如"南、东、西、上、外、前"等，双音节方位词出现频率较低，在我们检索的语料中，仅出现了1例，这表明方位介词"朝"对宾语有一定的选择倾向性，表方位的单音节名词是其优势选项。

清代，方向介词"朝"依旧延续前代用法，如：

（1）宝钗道："我才在河那边看着林姑娘在这里蹲着弄水儿的。我要悄悄的唬他一跳，还没有走到跟前，他倒看见我了，<u>朝东</u>一绕就不见了。别是藏在这里头了。"（清曹雪芹、高鹗《红楼梦》第27回）

（2）兴儿战兢兢的<u>朝上</u>磕头道："奶奶问的是什么事，奴才同爷办坏了？"（清曹雪芹、高鹗《红楼梦》第67回）

（3）衾里面，紧贴身<u>朝外</u>睡着个娇小玲珑的妙人儿，只隔了薄薄一层轻绡衫裤，渗出醉人的融融暖气，透进骨髓。（清曾朴《孽海花》第4回）

（4）说完，就把彩云拉到一张花瓷面的圆桌上首坐下，自己<u>朝南</u>陪着。（清曾朴《孽海花》第12回）

（5）筱亭一步捱一步，走向房后小天井的台阶上，<u>朝里</u>跪着。（清曾朴《孽海花》第14回）

（6）忽听楼下街上一片叫嚷的声音！彩云三脚两步跨到栏杆边，<u>朝下</u>一望，不知为什么，街心里围着一大堆人。（清曾朴《孽海花》第15回）

（7）三儿趁势儿嘻皮赖脸的往外跑。彩云赌气一翻身，<u>朝里床</u>睡了。（清曾朴《孽海花》第30回）

（8）当下出花雨楼，<u>朝南</u>过打狗桥，径往法界新街尽头，认明王阿二门口，直上楼去，房间里不见一人。（清韩庆邦《海上花列传》第14回）

（9）翠凤手执安息香，款步登楼，<u>朝上</u>伏拜。（清韩庆邦《海上花列

传》第49回）

（10）那一日，早上吃过药，听着萧萧落叶打的窗子响，自觉得心里虚怯，长叹了一口气，把脸朝床里面睡下。（清吴敬梓《儒林外史》第5回）

以上用例可知，方向介词"朝"在清代依旧沿用了前代的用法，其后宾语多为单音节方位词，与前代略有不同的是，宾语出现了扩展的迹象，出现了"里床""床里面"等表示方位的短语。

2. "朝着"

在大范围的语料检索后，我们发现，介引方向的介词"朝着"最早见于元代，如：

面朝着东都洛阳，三舞蹈顿首诚惶。（元宫天挺《死生交范张鸡黍》第3折）

明代以后，"朝着"使用频率增加，如：

（1）约莫未及两个时辰，又蓦将来王婆门首，帘边坐的，朝着武大门前半歇。（明兰陵笑笑生《金瓶梅》第2回）

（2）再看时，见依旧走到寺前来，惊得哑口无言，只是朝着寺门叩头道："弟子从今以后只随佛天分付，再不敢欺心抱怨了。"（明无名氏《后西游记》第35回）。

（3）好大圣，弯倒腰丢了碗盏，拈一撮土，往上洒去，念声咒语，使个隐身法，轻轻的上前揭了榜，又朝着巽地上吸口仙气吹来，那阵旋风起处，他却回身，径到八戒站处，只见那呆子嘴挂着墙根，却是睡着了一般。（明吴承恩《西游记》第68回）

（4）五鼓时，美娘酒醒，已知鸨儿用计，破了身子。自怜红颜命薄，遭此强横，起来解手，穿了衣服，自在床边一个斑竹榻上，朝着里壁睡了，暗暗垂泪。（明冯梦龙《醒世恒言》第3卷）

（5）看看天色晚了，王婆却才点上灯来，正要关门，只见西门庆又蓦将来，径去帘底下那座头上坐了，朝着武大门前只顾望。（明施耐庵《水浒传》第24回）

（6）宋江在当中证盟，朝着涌金门下哭奠。戴宗立在侧边。（明施耐庵《水浒传》第114回）

（7）狄员外朝着床作了个揖，狄希陈磕了头，然后调羹叩见。（清西周生《醒世姻缘传》第56回）

（8）马二先生吓了一跳，慌忙整一整头巾，理一理宝蓝直裰，在靴桶内拿出一把扇子来当了笏板，恭恭敬敬，朝着楼上扬尘舞蹈，拜了五拜。（清吴敬梓《儒林外史》第14回）

（9）牛布衣又挣起来，朝着床里面席子下拿出两本书来。（清吴敬梓《儒林外史》第20回）

以上用例可知，方向介词"朝着"与"朝"的萌芽时期都是元代，至明，二者的介词属性基本稳定，出现大量用例。不同的是，"朝"的宾语多为单音节方位词，而"朝着"的宾语多为表示方位的短语，这表明二者虽然意义相同，用法上仍略有不同，基本形成了互补的分布局面。

二、现代汉语中的"朝着"

现代汉语语料中，介引方向的介词"朝着"宾语范围进一步扩大，不仅可以是真实的方向，还可以是虚拟的方向，如：

（1）他问旁边的百姓，哪一面是南方。百姓们指给文天祥看了。他朝着正南方向拜了几拜，端端正正坐了下来，对监斩官说："我的事结束了。"（林汉达、曹余章《上下五千年》）

（2）随后，由12辆奔驰组成的车队，在首辆警车的开道、护卫下，于1994年1月19日上午9时驶上公路，朝着广州呼啸而去，两个小时后停在中国大酒店的门厅前。（1994年报刊精选）

（3）转天一早，李金鏊来到河北大街上的"万成当"，进门朝着高高的柜台仰头叫道："告你们老板去，说我李金鏊拜访他来了！"（冯骥才《俗世奇人》）

（4）我想强调指出的是，在我国没有人怀疑同中国保持伙伴、睦邻友好关系的必要性。我们的目标是朝着既定的方向发展俄中关系。我们认为，中方有同样的愿望。（1995年人民日报12月份）

（5）在这个过程里，一方面方言朝着靠拢标准语的方向发展，逐渐磨掉自己的特点，最后融于标准语；另一方面，标准语也不断受各方言的影

响，改变自己的某些特点，并从各方言中吸取有活力的成分来丰富自己。（马学良《语言学概论》）

（6）我们知道今后应当采取苏联的先进经验，对于资本主义国家的考古学加以批判；他自己在解放后也已朝着这一方向走。（夏鼐《追悼考古学家梁思永先生》）

（7）我不由地感到一种从未有过的孤独和恐惧，拼命地朝前奔去，朝着记忆中铁道所在的方向奔去……（金涛《暴风雪的夏天》）

（8）现在，电子计算机正朝着第五代即智能计算机的方向发展。（周亚平《未来的计算机》）

（9）同是一群缺少文化素养，满怀各自算计的城市贫民，但他们几乎都有着自己的追求，朝着各自选择的方向顽强地挣扎，而各自的际遇都绝然不同，很难说他们都受到什么样的时代大潮的影响。（1991年文汇报）

（10）因此，仍然要加强无产阶级专政，坚持在无产阶级专政下继续革命，才能保证社会主义社会朝着共产主义的方向前进。（社科院哲学所《马克思主义的三个来源》）

（11）对此我们只能用进步的舆论改变它，使它朝着符合社会文化潮流的方向发展。（司马云杰《文化社会学》）

（12）两位老人走出屋门，朝着村中的一条大道向王生宝家走去。（郑楼声《说媒》）

（13）我走到庆生房子门口，大门是虚掩着的，我推了进去，看见他脸朝着外面，蜷在床上睡午觉，我轻脚轻手走到他头边，他睡得好甜。（白先勇《玉卿嫂》）

综上，方向介词"朝着"产生之后，其后宾语语义经历了由真实方向到抽象、虚拟方向的扩展，但"朝着"后接表示真实方向义的宾语仍占主导，宾语的类型以短语为主。

第二节　冲着

一、唐代的"冲着"

动词"冲"+动词助词"着"的用法最早见于唐代，如：

可怜岸边树，红蕊发青条。东风吹渡水，冲着木兰桡。（唐张籍《岸花》）

二、元明清时期的"冲着"

元代，在元杂剧中也出现了"冲着"的用例，如：

（1）这老子是甚么人，敢冲着我马头？好打这老驴！（元关汉卿《包待制三勘蝴蝶梦》第1折）

（2）两个人冲着我马头，被祗从人打将一个去了，只有这一个放下他那钩绳匾担，立在道傍。（元无名氏《朱太守风雪渔樵记》第1折）

以上两例中的"冲着"依旧是动词，占据小句的中心，"冲着"之后没有其他动词出现，"冲着"不具备发展为介词的条件。

清代以后，"冲着"的使用频率增加，介词性质的"冲着"出现，如：

（1）轿子冲着大门立定，只见大门里粉屏上，贴着红纸朱标的"内阁中书"的封条。（清吴敬梓《儒林外史》第49回）

（2）果然那看门的领着童奶奶进了仪门，打大厅旁过道进去，冲着大厅软壁一座大高的宅门，门外架上吊着一个黑油大桑木梆子。（清西周生《醒世姻缘传》第71回）

（3）一面冲着玻璃风门外，带笑带指的低低道："哪都是这班公子哥儿闹哄哄拥进来，我在外间坐不住，这才撞进来，闹出这个乱子"。（清曾朴《孽海花》第22回）

（4）心里一惊，连忙蹑手蹑脚手跟上去，远远见相离一箭之地果真有个人，飞快的冲着船首走去！（清曾朴《孽海花》第17回）

三、现代汉语中的"冲着"

现代汉语中介引方向的介词"冲着"用例较少，如：

（1）小刘呆呆地<u>冲着</u>墙上的大红纸条"莫谈国事"出神。他啜着茶，不说话。（老舍《鼓书艺人》）

（2）末了，他爬上了山，<u>冲着</u>唐家旅馆的方向走去。（老舍《鼓书艺人》）

（3）范·赞特<u>冲着</u>天鹅颈岛的方向点点头。（大卫·米切尔《云图》）

（4）他叫着，把法因戈德先生从加利曾喊回来，把玛丽亚从祈祷中拽出来，甚至迫使一直坐在围墙上、<u>冲着</u>布勒森方向闲聊天的年轻俄国人抬起头来看了一眼这吓人的情景。（君特·格拉斯《铁皮鼓》）

（5）他不动声色地回答的每一句话，说出口之前都反复掂量了分量，专<u>冲着</u>对方心坎儿那地方说去的。（梁晓声《梁晓声文集》）

（6）回到堂屋，<u>冲着</u>北墙上挂着的太师像（镜框里那位身着清朝官服的中年人）一揖到地，再揖，三揖。（陈建功，赵大年《皇城根》）

（7）海军上尉善于冷静地强调技术性的措辞以及使用童话里常常出现的词语。他大概更多是<u>冲着</u>"布鲁尼斯老爹"的耳朵作报告，而不是朝着我们，这个艾兴多尔夫的崇拜者曾经是他的德文老师。（君特·格拉斯《猫与鼠》）

（8）我观察过一只红色胸脯的秋沙鸭骑在海豹头上，时间长达一分钟；我甚至还目睹了一只小枪虾<u>冲着</u>一只比它大两倍的杜父鱼挥动钳子，并把它击昏。（吉姆·林奇《少年迈尔斯的海》）

以上用例是"冲着"作为方向介词的用法，还有一些用例，"冲着"的宾语解释为"冲着"的对象更合理。这种情况表明，"冲着"在现代汉语中已经不是一个典型的介引方向的介词，其介引对象的用法已经出现。如：

（1）于是快步进餐厅，<u>冲着</u>正等候着她的蒋介石娇甜地说："大令，恭喜你啊！蒋家兴旺发达，章小姐一胎给你们添了两个孙儿呢！"（1993年作家文摘）

（2）而且我的脑海中又浮现出那个坐在门坎上的肚子饿得瘪瘪的小姑娘，刚强地<u>冲着</u>她泪水涟涟的母亲喊着，妈，我们不吃！让他拿走！还有那个在炼钢工地一连干了几天几夜磨破了脚，为自己改名叫"钢"的年轻姑娘。（1995年《作家文摘》）

（3）说着，说着，宇佳哭了，模模糊糊地看见爸爸红着脸站起来，<u>冲着</u>全都静悄悄地望着他的同学、老师还有全国少工委主任李克强等人说："佳佳，爸爸今后一定尽量——尽量使你感到温暖……"（1992年《中国青年报》）

第三节　向着

一、元明清之前的"向"和"向着"

1. 魏晋南北朝时期的"向"

（1）春向东食岁星青气，使入肝；夏服荧惑赤气，使入心。（东晋葛洪《抱朴子·内篇》第15卷）

（2）抱朴子曰："山中山精之形，如小儿而独足，走向后，喜来犯人。（东晋葛洪《抱朴子·内篇》第17卷）

（3）若夫阴雨者，但止室中，向北思见辑星而已。（东晋葛洪《抱朴子·内篇》第18卷）

（4）乃乘使者马。佯向东行数百步。（南朝梁慧皎《高僧传》第4卷）

（5）于是入房洗浴。烧香礼拜。还床向西方合掌而卒。（南朝梁慧皎《高僧传》第5卷）

（6）东首东宫皆不得入。走向东北俄尔不见。（南朝梁慧皎《高僧传》第8卷）

（7）韭性内生，不向外长，围种令科成。（北魏贾思勰《齐民要术》）

（8）研取白杨枝，大如指、长三尺者。屈着垅中，以土压上，令两头出土，向上直竖。（北魏贾思勰《齐民要术》）

2. 唐代的"向"

（1）遂即进步**向**前，合掌鞠躬，再礼辞于和尚，便登长路。（《敦煌变文校注》第2卷）

（2）**向**西行经五十余里，整行之次，路逢一山，问人曰："此是甚山？"（《敦煌变文校注》第2卷）

（3）秋胡忽见贞妻，良久占相：容仪婉美，面如白玉，颊带红莲，腰若柳条，细眉段（断）绝，暂停住马，**向**前熟看之，只为不识其妻，古（故）赠诗一首。（《敦煌变文校注》第2卷）

（4）头元是酒瓮子盖，身画瓮子身，**向**上画一个道士，帖符一道。缘酒瓮子恰满便醉。（《敦煌变文校注》第2卷）

（5）且见八九个男子女人，闲闲无事，目连**向**前问其事由之处。（《敦煌变文校注》第6卷）

（6）诸人答言："和尚，**向**北更行数步，遥见三重门楼，有千万个壮士皆持刀棒，即是阎罗大王门。"（《敦煌变文校注》第6卷）

（7）渠若**向**西行，我便东边走。（《寒山诗校注》）

（8）始皇又于此山**向**东见蓬莱山、瀛山、胡山，便于此死。（《入唐求法巡礼行记》第2卷）

（9）忽起**向**前去，本不是吾宅。（《王梵志诗·身如大店家》）

3. 宋代的"向"

（1）国王大笑曰："和尚**向**西来，岂不见人说有鬼子母国？"（宋无名氏《大唐三藏取经诗话》入鬼子母国）

（2）猴行者曰："我师不用前去，定是妖精。待我**向**前问他姓字。"（宋无名氏《大唐三藏取经诗话》过长坑大蛇岭）

（3）师示众云："如今学道人。且要自信。莫**向**外觅。总上他闲尘境。"（宋赜藏《古尊宿语录》第4卷）

（4）仰山送出云："汝**向**后北去有个住处。"（宋赜藏《古尊宿语录》第5卷）

（5）师曰："大师**向**我道：即心是佛。我便**向**这里住。"（宋普济《五灯会元·马祖一禅师法嗣》）

二、宋代的"向着"

方向介词"向着"最早见于宋代。如：

师曰："荐否？不然者且向着佛不得处体取。"（宋普济《五灯会元·雪窦常通禅师》）

三、元明清时期的"向"和"向着"

（1）这般心正的人，见那好勾当便肯向前云做，见那歹勾当便不肯向前去做。（元许衡《鲁斋遗书》）

（2）无奈那雀儿成群结队价来偷吃谷粟，才赶得东边的去，又向西边来吃。（《新编五代史平话·周史平话上》）

（3）李师师见贾奕气倒，则得傍前急救。须史苏醒，便踏起来向着师师道前，俯伏在地，口称："死罪！死罪！臣多有冒渎，望皇后娘娘宽恕！"（刘坚、蒋绍愚《近代汉语语法资料汇编（元代明代卷）·宣和遗事》）

明代以后，使用频率增加。如：

（1）到初更左侧，不觉睡着。那瘦后生向着炭火烘着上盖的衲袄，看见张顺睡着了，便叫稍公道："大哥，你见么？"（明施耐庵《水浒传》第65回）

（2）三藏见了慌张，忙合掌向着经担道："真经呵，我弟子万水千山，受了无限苦难。今日求得你去，怎么受这妖魔飞刀伤害？"（明无名氏《续西游记》第37回）

（3）这时瑞虹恐又来淫污，已是穿起衣服，向着里床垂泪，思算报仇之策，不提防这贼徒来谋害。（明冯梦龙《醒世恒言》第36卷）

（4）到了次日，蒯三捱到饭后，慢慢地走到非空庵门口。只见西院的香公坐在门坎上，向着日色脱开衣服捉虱子。（明冯梦龙《醒世恒言》第15卷）

（5）题毕，又向着山上作礼称谢。过了三峡，又到荆州。（明冯梦龙《醒世恒言》第25卷）

（6）回过头来，<u>向着</u>阶上几个家人道："你们别闲着，快去帮个忙儿！"（清曾朴《孽海花》第19回）

（7）那人不由分说，竟把行李，<u>向着</u>供佛的案桌边放下，和衣而睡。（清白云道人《赛花铃》第8回）

（8）次日算还饭钱，雇了牲口，一直到京。<u>向着</u>城中寻下歇店，便去访问沈西苓。（清白云道人《赛花铃》第8回）

四、现代汉语中的"向着"

现代汉语中，介引方向的"向着"宾语进一步扩展，宾语的类型不仅可以是实在的方向，还可以是虚拟的方向，宾语完成由实到虚的扩展。如：

（1）检查好机件，陈荣材照顾旅客们上车，汽车<u>向着</u>高耸的群山开去。（吕韶羽《一路平安》）

（2）女儿在燃烧，她离妈妈不远，显然她挣扎了许久，头<u>向着</u>母亲方向缓缓蠕动。（李树喜《烧不掉的故事》）

（3）就是三下，两匹骏马一扬鬃，第一辆马车便<u>向着</u>农田水利建设工地的方向奔去。（王振美《清阳河畔战歌高》）

（4）虽说这里离家骑马不过个把小时的路程，但他最终还是紧紧地勒住了马的缰绳，<u>向着</u>家乡的方向深情地望了一眼之后，调转马头，随部队走了。（1997年《作家文摘》）

（5）奶奶的棺材一时间狰狞无比，斑斑麻麻的板面和前高后低的卧卧姿势以及那刀切般锐利地倾斜着的棺首，都使它具有了某种巨兽的昏愦颠顸的性格，父亲总感觉到它会在突然间打着呵欠站起来，<u>向着</u>乌鸦鸦的人群猛扑过去。（莫言《红高粱家族》）

（6）我觉得饱含对人的信任这一点是我们文学的首要任务，而表现出确信人类社会是在从漆黑一片<u>向着</u>些许光明前进是文学的使命。（大江健三郎《我在暧昧的日本》）

（7）可是，当孩子开始对自己所处的状态重新审视，开始从大人的照顾中一点一点自立的时候，他（她）就不再是保守的婴儿了，而<u>向着</u>"进步"方向转变了。（大江健三郎《在自己的树下》）

（8）他披着夕阳的余辉，走得是那么地有力，很快卷进了人流，<u>向着</u>他事业的路程继续前行了。（礼平《小站的黄昏》）

（9）如今，茶点社就像一部机器，每人人各司其职，人心<u>向着</u>一个方向飞快运转。（1981年《中国青年报》）

（10）穿洋服的不必会说洋话，太太小姐们不见得都出过洋留过学，今日之下，是凭全社会的力以跑步姿势，<u>向着</u>灭亡的道路走。（《俞平伯散文选集》）

（11）草房的顶子也是灰黄的，可是在她眼中却好像有些和暖的热气与金光。她<u>向着</u>那光亮的地方飞跑，希望立刻看到松叔叔的和善面孔。（老舍《火葬》）

以上用例中，"向着"后的宾语可以是具体的方向，如"高耸的群山""母亲方向""农田水利建设工地的方向"，也可以是抽象的方向，如"进步的方向""事业的路程""希望所指""灭亡的道路"等。由此可见，介词"向着"介引方向的用法在现代汉语中已经发展成熟，"向着"已成为比较典型的介引方向的介词。

第四节　对着

一、元明清时期的"对着"

方向介词"对着"形成于明代。如：

（1）将欲进门，忽然<u>对着</u>空中，连连打恭；口里应对，恰像有主人相迎的一般。（明冯梦龙《喻世明言》第10卷）

（2）是日将晚，夫人唤如霞同到园中，走到梯边，如霞仍前从梯子溜在梧桐枝去，<u>对着</u>墙外大声咳嗽。（明凌蒙初《二刻拍案惊奇》第34卷）

清代继续沿用。如：

那大姐就挪嘴儿，<u>对着</u>里间笑道："正做好梦哩！"（清曾朴《孽海花》第8回）

二、现代汉语中的"对着"

（1）爷爷把"三八"枪往前一顺，<u>对着</u>喊话的方向，啪啦就是一枪。（莫言《红高粱家族》）

（2）跳舞时，头向上表示蜜源<u>对着</u>太阳的方向；头向下表示蜜源背着太阳的方向。（叶佩珉、段芸芬《动物学》）

（3）当你走到竞技场，你瞧着我，我把脸转<u>对着</u>他们的方向，那时你就可以找到他了。（亨利克·显克维支《你去什么地方》）

（4）K站在一座从大路通向村子的木桥上，<u>对着</u>他头上那一片空洞虚无的幻景，凝视了好一会儿。（卡夫卡《城堡》）

（5）有一对男女，沿着那条灰白的小路，从农机厂背后那个馒头状的小山包上，<u>对着</u>他的林间小屋走来了。（莫言《师傅越来越幽默》）

（6）但不管怎样，他不会为此送命，他眼睛瞅着马路那边<u>对着</u>他的煤气路灯。（莫泊桑《两兄弟》）

（7）埃米莉亚<u>对着</u>他的背影叫喊，但是他砰地把门关上，不顾脚上的伤，什么都不顾，跑下楼去。（艾萨克·巴什维斯·辛格《卢布林的魔术师》）

（8）于是把手枪<u>对着</u>他的胸腔的左侧，用整个的手使劲握住它，好像把手攥紧似的，他扳了枪机。（列夫·托尔斯泰《安娜·卡列尼娜》）

（9）倘使在晚上，我一定要把这包干鱼<u>对着</u>他的脸丢过去，让他吃点苦头。（巴金《爱情的三部曲》）

（10）"你在唱什么啊？"我<u>对着</u>他飘然消失在街道上的背影问。（森见登美彦《太阳之塔》）

（11）父亲跑到检疫站前面的水沟里，亲手点燃了一个火把，举起来，<u>对着</u>会场方向挥舞了一下。（莫言《四十一炮》）

（12）她<u>对着</u>使人为之目眩的夏日晴空，在梅雨初晴的此刻想放声高呼万岁。（川端康成《考试时》）

（13）我们走进一个很大的农宅，房子的窗户<u>对着</u>侧面的街道，因为房子的位置在街角。（赫塔·米勒《一颗热土豆是一张温馨的床》）

（14）那头黑驴走到它的旁边，蹭了它一下，碰歪了驮鞍，再朝它嗅嗅，转头对着修道院的围墙大吼一声，就沿特拉斯摩罗大街跑了下去……（胡安·拉蒙·希梅内斯《小银和我》）

（15）坐在"野马"的副驾座上的胖老板先飞出去，跟着车子也翻了个个儿，剩下三个不一样大的轮子对着傍晚的天空转。（徐则臣《轮子是圆的》）

（16）曼希沃站着，对着克利斯朵夫的脑袋抡着拳头；孩子可是眼睛充满了憎恨，瞪着父亲，气得浑身发抖。（罗曼·罗兰《约翰·克利斯朵夫》）

（17）他好好地坐在新坟的旁边，抬头向四面一望，对着初升的明月出了一会儿神。（蒋光慈《少年漂泊者》）

（18）紫色的和粉红色的牵牛花从水中擎起来，对着初晴的天空，好像忧悒地诉说着什么。（莫言《弃婴》）

（19）如果她在油条锅前我就对着北方叫两声，如果她在家的方向我就对着南方叫两声。（莫言《生死疲劳》）

（20）回声定位的"克啦声"只对着前进的方向，向非常狭窄的范围内发出，换句话说，用回声定位看到的视野极其狭窄，类似于在黑暗中，只能看到探照灯照亮的范围，洁西必须进入密的探照灯光束中。（岩井俊二《华莱士人鱼》）

以上"对着"介引方向的用法中，"对着"的宾语多为具体的方向，如"林间小屋""煤气路灯""背影""胸膛""脸""南方""初生的明月""会场方向"等。其后接抽象的方向的用例比较少，如"幻影"等。这表明，"对着"介引方向的用法仍在发展过程中，随着其后抽象义宾语的扩展，方向介词"对着"的介词属性才能逐渐增强，其介词用法才能渐趋成熟。

第五节　奔着

一、元明清时期的"奔着"

方向介词"奔着"形成于明代，此时用例较少。如：

那茨蓬里无万的毒蛇排头而出，都要<u>奔着</u>这个先锋身上来。（明罗懋登《三宝太监西洋记》第24回）

清代，"奔着"并没有出现扩展迹象，依旧少见。如：

（1）黛玉笑道："这也不是玩话，我倒问你一句话，咱们姐妹这么好，你看，我大远的来了，单<u>奔着</u>你来，你到底也想我不想呢？（清郭则《红楼真梦》第16回）

（2）说着，直<u>奔着</u>薛姨妈来。薛姨妈只得后退，说："亲家太太且请瞧瞧你女儿，问问宝蟾，再说歪话不迟。"（清曹雪芹、高鄂《红楼梦》第103回）

二、现代汉语中的"奔着"

现代汉语中，介引方向的"奔着"对象义减弱，方向义更显豁，其后宾语也由携带方向义的指人宾语扩展为单纯表示方向义的名词或名词性短语。如：

（1）两个人钻进车子，发动引擎，<u>奔着</u>"大和饭店"急驰而去。五分钟不到，两个人便到达了目的地。（江国香织《东京塔》）

（2）小猎犬号再次启航，<u>奔着</u>大西洋向东驶去。查理感觉，菲茨洛伊又对它的伟大试验新增了一线希望。（约翰·丹顿《达尔文的阴谋》）

（3）托尔沿着巴宾河的一条支流逆流而上，几乎是<u>奔着</u>斯基纳方向去的。（詹姆斯·奥利弗·柯尔伍德《灰熊王》）

（4）我跳桥时崴了脚，走上河堤还瘸了几十步，心想此兆非吉兆，去乡政府也未必能出手这个婴儿，但还是<u>奔着</u>乡政府那一片红瓦房，一瘸一颠地走得生动。（莫言《弃婴》）

（5）当天夜里，李国安撇下老母和妻儿，<u>奔着</u>东北去了。（1996年《人民日报》）

（6）麦哲伦更是不畏艰险，瞅准了就<u>奔着</u>大西洋、太平洋、印度洋开去了，终于绕了地球一圈。（1994年《市场报》）

（7）往哪儿去呢？他是<u>奔着</u>村里去，可是爬又能爬多快呢？再说又下起雨来，他移动着就更加困难了。（刘流《烈火金刚》）

（8）春儿渐渐看出是一个逃兵，把枪横在脖子上，手里拄了一根棍，春儿赶紧藏在树枝后面，逃兵已经看见她，<u>奔着</u>这里来了，春儿害怕，抓紧手里的小锄。（孙犁《风云初记》）

（9）梁队长<u>奔着</u>电铃响声前进，跨过会议室那段距离时，脚步音响太重太急，关敬陶感觉进来的不是他的传令兵。（李英儒《野火春风斗古城》）

（10）拦了一辆出租车，带着娃娃，他<u>奔着</u>海藻的住处而去。（六六《蜗居》）

（11）在这点上，我们可以看出，作为我们每一个年轻人，不仅要拥有口才，而且都应该<u>奔着</u>成功这个方向而努力去奋斗。（邵守义《口才与成功》）

以上用例可见，"奔着"后宾语多为具体方向，如"东北""住处""红瓦房""大西洋""饭店"，抽象义方向较少见，如"成功的方向"等。这表明方向介词"奔着"的宾语仍在由实到虚的扩展过程中，随着"奔着"宾语的扩展，其介词属性也会逐渐增强　介词用法才会更加稳定。

第四章　经所介词的产生及发展过程

第一节　沿着

一、宋代的"沿着"

经所介词"沿着"形成于宋代。如：

当下崔宁和秀秀出府门，<u>沿着</u>河，走到石灰桥。（刘坚、蒋绍愚《近代汉语语法资料汇编（宋代卷）》）

二、元明清时期的"沿着"

明代以后，使用频率逐渐增多。如：

（1）那般时，你的靴子怎么干？我慢慢儿<u>沿着</u>人家房檐底下拣路儿行来。（元无名氏《朴通事》）

（2）却说玄德一行人马，离柴桑较远，来到刘郎浦，心才稍宽。<u>沿着</u>江岸寻渡，一望江水弥漫，并无船只。（明罗贯中《三国演义》第55回）

（3）小二哥把一片荷叶包了炊饼，递与永儿。永儿接了，取旧路回来，已是未牌时分，<u>沿着</u>屋檐正走之间，只见一个婆婆从屋檐下来，挂着一条竹棒，胳膊上挂着一个篮儿。（明罗贯中《三遂平妖转》第2回）

（4）三人于是上去，<u>沿着</u>海边，看国人取鱼。只见有一渔人，网起一个怪鱼，一个鱼头，十个语身。（清李汝珍《镜花缘》第15回）

（5）且说那太甲溪，原是一个临河依山的要隘，<u>沿着</u>溪河的左岸，还留下旧时的砖垒，山巅上可以安置炮位。（清曾朴《孽海花》第33回）

三、现代汉语中的"沿着"

现代汉语中，介引经所的介词"沿着"宾语范围进一步扩展，宾语类型进一步扩大，"沿着"不仅可以带具体的表示经所的名词或短语，也可以带表示抽象概念的名词或短语。如：

（1）一大群孩子正沿着一个个笼子跑着跳着，高兴地大声叫着。（莱蒙特《福地》）

（2）一个满脸油污的年轻人正沿着铁路边的小道踽踽独行。（董雪昌、苏廷礼《"拉兹"新传》）

（3）沿着家乡的土路，走出了家乡，就看到另一个天空了吗？（尚绍华《悄然寻找另一个天空》）

（4）我无目的地沿着一条更宽的大道向前走去，道路两边是石化的松树，还有倒下的石柱，巨大的堡邸。（孙幻忱《夜泊无名岛》）

（5）尽管这门科学道理深、概念多、难度大，但他和摄制组的同志团结在一起，沿着李四光同志踏过的足迹，走南闯北，跋山涉水，在人迹罕至的山岭谷地四处寻找"山"字形、断裂带等各种地形特征。（1979年《文汇报》）

（6）我认为，这也是生活在当代的莫言在文学史上的一部重要作品。第一，正如刚才所言，它沿着《红高粱》的思路又回到了农村，描述了那里的事物和人物。（大江健三郎《我在暧昧的日本》）

（7）可是仔细想想，连千变万化的思想也是沿着一条"思路"前进的，不管它们是飞，是跳，是走。（巴金《随想录》）

（8）它表明了，中国的命运只能是沿着社会主义道路前进，任何复辟倒退都是不允许的。（沈治辽《伟大的革命群众运动万岁》）

（9）从全局、整体上看，仍然是全民所有制经济在整个国民经济中居于主导地位，领导其他经济成分沿着社会主义轨道前进。（陆学芝、张厚义《个体私营经济健康发展的几个问题》）

（10）但是，爱因斯坦沿着马赫目光所视的方向走下去，创立了相对论。（邓伟志《为错误争一席》）

（11）这件事引起居里夫妇很大的兴趣，他们决定<u>沿着</u>贝克勒尔的足迹，继续探幽索微。（叶永烈《居里夫人》）

（12）但是，争强好胜的她不仅没有丝毫折服的表示，而且又<u>沿着</u>蒋介石的话题大加发挥。（王朝柱《雾都风云》）

（13）坚持<u>沿着</u>这个理论指引的方向阔步前进，经过一代一代人的奋斗，我们就一定能够把中国建设成为富强、民主、文明的社会主义现代化国家。（1993年《人民日报》）

（14）我们应当<u>沿着</u>这条正确的道路，推进我们对于历史上的社会意识的各种复杂运动形式的研究。（葛懋春《历史科学概论》）

（15）组织上新老交替、换届更新，就像接力赛跑，无论谁接过"接力棒"，都要<u>沿着</u>共同的目标跑下去。（《文艺规律与文艺领导》）

（16）连老掉牙的几首《三笑》中的江南民歌曲调都奉为至宝，对于<u>沿着</u>上海旧时"流行歌曲"发展起来的港台的"流行歌曲"和演唱方法，当作新鲜的东西。（李凌《音乐美学漫笔》）

以上各例中，经所介词"沿着"其后宾语不仅可以是指称具体概念的"道路""某人的足迹""话题"等，还可以是指称抽象概念的"目标""演唱方法""理论""轨道"等。可见，"沿着"经所介词用法在现代汉语中已经成熟。

第二节　顺着

一、元明清时期的"顺着"

经所介词"顺着"形成于元代。如：

（1）呵，急急的索苦谏了着。这般不谏，则管<u>顺着</u>错处行呵，便是孩儿陷了父母也。怎生是孝有。（刘坚、蒋绍愚《近代汉语语法资料汇编（元代明代卷）·孝经直解》）

（2）咱不要往华容路上去，<u>顺着</u>蜒蚰小道儿，望许昌路上走、走、走。（元无名氏《诸葛亮博望烧屯》第3折）

（3）我只着几个人将着锹镢，从这土坑边开通一道深沟，直到山下，那木球自然<u>顺着</u>沟滚将出来。这般如何？（《元曲选·庞涓夜走马陵道·楔子》）

明代，介词"顺着"的用例渐多，如：

（1）陈敬济见无人，从洞儿钻出来，<u>顺着</u>公墙儿转过卷棚，一直往外去了。（明兰陵笑笑生《金瓶梅》第52回）

（2）这妇人不听便罢，听了由不得珠泪儿<u>顺着</u>香腮流将下来。（明兰陵笑笑生《金瓶梅》第8回）

清代，"顺着"的介词属性更加明显，宾语范围扩大，除了接表示处所、方位的名词或短语以外，还出现了"声音""字迹""香气"等名词做宾语的例子，如：

（1）宝钗便<u>顺着</u>游廊来至房中，只见外间床上横三竖四，都是丫头们睡觉。（清曹雪芹、高鹗《红楼梦》第36回）

（2）贾母笑道："呸！没脸的，就<u>顺着</u>竿子爬上来了！"（清曹雪芹、高鹗《红楼梦》第50回）

（3）回过头来用手指着道："这才是潇湘馆呢。"宝玉<u>顺着</u>袭人的手一瞧，道："可不是过了吗！咱们回去瞧瞧。"（清曹雪芹、高鹗《红楼梦》第108回）

（4）大家<u>顺着</u>声音望去，只当必是鹤鹭之类。看了半晌，并无踪影，只觉其音渐渐相近，较之鹤鸣尤其洪亮。（清李汝珍《镜花缘》第20回）

（5）二人也不辨是否，只管<u>顺着</u>字迹走去。（清李汝珍《镜花缘》第49回）

（6）话说胡奎别了五位英雄，竟奔锦亭衙而来，到了衙门东首墙边，将身一纵，纵上了屋，<u>顺着</u>星光找到内院，轻轻跳下，伏在黑暗之处，只见一个丫鬟拿着灯走将出来，口里唧唧哝哝说道："此刻才睡。"（清竹溪山人《粉妆楼》第26回）

（7）值日功曹闻着信香之气，不敢怠慢，连忙<u>顺着</u>香气冉冉从空而降，来至吕祖法座之前，拱手躬身而立。（清醉月山人《狐狸缘全传》第17回）

二、现代汉语中的"顺着"

现代汉语中，经所介词"顺着"的宾语继续扩展、虚化，宾语可以是"思路、心意、口气、话语"等表达抽象意义的名词或名词性短语，如：

（1）说完笑吟吟地走到桌旁坐下，嗑着瓜子看李缅宁卖块儿：顺着一个方向打，这样才越打越稠。（王朔《无人喝采》）

（2）根据飞蛾的路线回溯，似乎一直到达糺之森也就是下鸭神社，但是并不确定。究竟糺之森的飞蛾为什么会顺着一定的节奏一起移动，这点没法说明。（森见登美彦《四叠半神话大系》）

（3）我固然在生活，然而我好像借此向一个目力看不见的、逼着我生活下去的力量赏光，仿佛在说："力量呀，你瞧，我一点也看不起生活，可是我在活下去！我顺着一条固定的思路思考，然而花样无穷，在这方面我好比精细的美食家，单用土豆就能烧出上百种可口的菜来。（契诃夫《灯光》）

（4）我明知这斗争会逼使自己提前接近死亡，但是我没有别的路可走。几十年来我一直顺着一条思路往前进。（巴金《随想录》）

（5）他走上前去，想将舅舅推开，却又害怕李芳那虽然白嫩却锋利无比的十指。只好顺着万站长的话现编现说。（刘醒龙《天行者》）

（6）事情果然顺着人们的心意发生了，布尔明觉得自己当时特别尴尬，说自己早就想找一个合适的机会向她求爱了，并请她能给他一分钟。（普希金《暴风雪》）

（7）他自以为家里的事在按他的意思办，实际上他却发现自己在顺着人家的意思行事。（克拉林《庭长夫人》）

（8）当他们不断挑唆权势和舆情的初期，似乎一切顺着他们的意志在发展，而当权势和舆情终于勃然而起挥洒暴力的时候，连他们也不能不瞠目结舌、骑虎难下了。（余秋雨《山居笔记》）

（9）还可以再喝十杯，也婉小姐笑了笑，顺着他口气说道："你没有醉，大哥。可是，醉了也不要紧，我们有醒酒药，嗳，大哥，这药不醉也可以吃一点，香喷喷怪好的，我去拿些来给你试试，回头你跟和光再对喝十杯。（茅盾《霜叶红似二月花》）

（10）霸道不是抢你碗里的吃食，或是手里的玩物，而是在说话上，一件事怎么办，得顺着他的心思来。（刘震云《一句顶一万句》）

（11）我顺着他指的方向望去，果然在蓝色的天幕上发现了一个小亮点。（程东《奇机炸弹》）

（12）但是，任何动作组合的变化发展，又必须有一个统一的基调，要注意它内在联系，要顺着一条清晰的形象线索发展，否则，就会变成杂乱无章的动作堆砌，破坏了舞蹈形象的完整。（李炽强《编舞漫谈》）

（13）"要这样说，"我瞥了她一眼，故意顺着她的口气试她一试，"不一定因为是四川，也不单是在四川，你才感到不乐意。"（茅盾《腐蚀》）

（14）孩子，是革命的后代根芽，一定要领着他顺着革命的路子走、按着革命的需要长呵！（王愿坚、陆柱国《闪闪的红星》）

以上用例可知，经所介词"顺着"的宾语多由表示抽象概念的名词或短语充当，这表明，经所介词"顺着"在现代汉语中已经发展成熟，成为典型的表经所义的介词。

第三节　随着

一、元明清时期的"随着"

经所介词"随着"形成于元代，如：

天际残霞几缕裁，水映天心有如那霞衬彩。恰才个船随着海岸开，抵多少烟波风送客。（元刘君锡《庞居士误放来生债》第3折）

明代，介词"随着"的使用频率增加，同时"随着"的介词属性更加明显，宾语范围扩大，除了接表示处所、方位的名词或短语意外，还出现了"声音"等名词做宾语的例子，如：

（1）三藏大喜，便叫徒弟把经担分派与众扛帮，他师徒轻身随着路走。（明无名氏《续西游记》第8回）

（2）又行了三五里，早望见两山回合处，高耸出许多兽头屋脊，心知非寺即观。因<u>随着</u>径路转到山门前看时，见果是一所仙观，忙将马勒住，跳将下来。（明无名氏《后西游记》第19回）

（3）开了船时，风水大，住手不得；况兼江中都是尖锋石插，要<u>随着</u>河道放去，若遇着时，这船就罢了。（明冯梦龙《喻世明言》第19卷）

（4）四周一望，花木丛茂，路径交杂，想来煞有好看。一团高兴，<u>随着</u>石砌阶路转弯抹角，渐走渐深，悄不见一个人，只管踱的进去，看之不足。（明凌蒙初《二刻拍案惊奇》第34卷）

（5）话说鲁智深走过数个山坡，见一座大松林，一条山路。<u>随着</u>那山路行去，走不得半里，抬头看时，却见一所败落寺院，被风吹得铃铎响。（明施耐庵《水浒传》第6回）

（6）话说瞿天民<u>随着</u>笛音，循步趄出庙后，只见后殿墙外是一片荒草地，内中有几株大槐树，槐树之下有二乞丐席地而坐，品笛饮酒。（明方汝浩《禅真后史》第3回）

（7）二人穿入竹林，只见地上一带鲜血，两个<u>随着</u>血迹而走，行不上一箭之路，忽见血淋淋一只人手，吊在树根上。（明清溪道人《禅真逸史》第20回）

清代，经所介词"随着"沿用前代用法，如：

（1）伴馨揭起门帘，让众人进去，揭帘这个时候，觉里面冲出一股暖气<u>随着</u>香味出来。（清梁溪司香旧尉《海上尘天影》第24回）

（2）这是什么地方呢？只听隐隐有哭声，<u>随着</u>声音寻去，不觉已到了山下。（清梁溪司香旧尉《海上尘天影》第37回）

（3）走不四、五里，早见落花飞絮点点沾衣，他只无心理会，<u>随着</u>高低曲径抹走。（清青莲室主人《后水浒传》第14回）

（4）袁简斋乾隆甲戌游扬州，过宏济寺，见题壁云："<u>随着</u>钟声入梵宫，凭谁一喝耳双聋。梁罗不解无言旨，辜负拈花一笑中。（清葛虚存《清代名人轶事·文艺类》）

（5）张夫人连忙<u>随着</u>雯青的眼光看去，原来彩云正卸了晚妆，和衣睡着在那里，（清曾朴《孽海花》第23回）

（6）义成<u>随着</u>他手指地方看去，忽见崖顶上方佛天河决了口倒下的洪

涛里，翻滚着两个赤条条的孩子。（清曾朴《孽海花》第33回）

二、现代汉语中的"随着"

现代汉语中，经所介词"随着"使用频率较低，"随着"的"伴随"义逐渐占据主导地位，如：

（1）他们出了文联大院，随着一条马路无目的地走。然后在饭馆里吃饭。（贾平凹《废都》）

（2）我这十年来，究竟成就了些什么呢？医学是不用说了。虽然随着一时的冲动做过些诗文，但那是什么东西哟！（郭沫若《漂流三部曲》）

（3）在近代，随着帝国主义的入侵，西方形形色色反动的资产阶级史学思想随之而来，和封建主义史学思想合流，形成半殖民地、半封建旧中国的反动史学。（尹达《必须把史学革命进行到底》）

（4）随着庄田、旗地制的解体和缙绅地主特权的限制，佃仆经济进一步没落，一般的封建租佃关系更广泛地被采用。（黄逸平《鸦片战争前夕中国社会经济所处的历史阶段》）

（5）随着城市人口的增长，火车的命运有可能逆转。（金振东《美国的交通运输业小议》）

（6）随着对外开放、文化交流的日益频繁，西方艺术必然要步入中国画的领域。（朱旭初《〈当代中国画争论之我见〉》）

（7）她们唱着传统的歌曲，随着音乐的旋律翩翩起舞。（张宇《兰屿风情》）

（8）从国内来说，随着广大群众审美水平的提高，对照片的要求也高了。（胡冰《为了那美好的瞬间》）

（9）随着人类文化的进展，文艺日益成为自觉的活动，最好的文艺批评家往往就是文艺创作者本人。（朱光潜《美学》）

（10）随着十七、十八世纪欧洲的产业革命，自然科学的发展蒸蒸日上，文艺和文艺理论就日益受到自然科学，特别是生理学、心理学和人类学的影响。（朱光潜《美学》）

"随着"还可以介引时间词语，表示时间的变化，如：

（1）清晨雾气稀薄，<u>随着</u>上午的临近，逐渐达到对面不见人的程度——现在正是对面不见人的时刻。（王小波《白银时代》）

（2）诚然，在七十年代的今天的西欧，失业者可以享有失业救济金，但由于重新就业极其困难，救济金<u>随着</u>失业时间的延长而锐减，造成失业者生活水平的急剧下降。（张庚辰《"繁荣"的另一面》）

（3）他指望<u>随着</u>年龄的增加，胃也能恢复其元气，可与他的意愿相反，萎缩的胃越来越小了。（郭宝臣《一位封面画家的故事》）

（4）这种尖锐复杂的斗争，<u>随着</u>时间的推移，更加广泛地在青年人生活的各个方面展开了。（姚文元《革命的青年一代在成长》）

（5）有一种人，<u>随着</u>时间的流逝，越长大越有智慧，越来越成熟；另一种人，却越长大越愚蠢，越来越糊涂……（秦牧《青春生活的主旋律》）

（6）团的基层组织不能按时换届改选，<u>随着</u>时间拉长，团干年龄增大，工作积极性下降，致使有作为能干的上不来，无朝气的下不去，工作松松垮垮，失去原有活力。（1991年中国青年报）

以上用例可见，经所介词"随着"的发展过程并不是像其他经所介词那样，宾语经历了由实到虚的扩展，一直保持经所义。因为"随着"中"随"的伴随义一直很强，在演变为介词的过程中，其伴随义并没有弱化的痕迹，因此"随着"拥有了一条与其他介词不同的发展轨迹，即从"经所—伴随—时间"的演变轨迹，在这条轨迹中，无论其后宾语是否经历了由实到虚的扩展，是表经所还是表时间，伴随义作为语义成分一直在其他意义中保留着。也就是说，介词化过程中"随着"的语义磨蚀并不明显。

第四节　循着

一、宋元明清时期的"循着"

经所介词"循着"最早出现在宋代，不常见，直到明代也未见扩展。如：

（1）崔待诏既不见人，且<u>循着</u>左手廊下入去，火光照得如同白日。去

那左廊下，一个妇女，摇摇摆摆，从府堂里出来。（刘坚、蒋绍愚《近代汉语语法资料汇编（宋代卷）·崔待诏生死冤家》）

（2）师徒们<u>循着</u>河岸走来，不闻梆子之声，只见一个木排筏子。（明无名氏《续西游记》第61回）

（3）张孝基事体已完，算还了房钱，收拾起身。又雇了个生口与过迁乘坐。一行四众，<u>循着</u>大路而来。（明冯梦龙《醒世恒言》第17卷）

清代，介词"循着"用例依旧不多，如：

（1）乱走了一阵，慢慢的散开了。伯和<u>循着</u>旧路，要寻那车辆。及至寻至原处，天已黑了，过往的车，影儿也没了，大约这个时候都投了店了。（清吴趼人《恨海》第3回）

（2）众人进了大门，见高悬着金字一匾"泰伯之祠"，从二门进东角门走，<u>循着</u>东廊一路走过大殿，抬头看楼上，悬着金字一匾"习礼楼"三个大字。（清吴敬梓《儒林外史》第37回）

（3）王玉辉老人家，足力不济，慢慢的走了许多时才到虎邱寺门口。<u>循着</u>阶级上去，转湾便是千人石，那里也摆着有茶桌子。（清吴敬梓《儒林外史》第48回）

二、现代汉语中的"循着"

现代汉语中，经所介词"循着"的宾语范围继续扩展，宾语类型较前代有很大不同，其扩展的轨迹也是由实到虚，宾语中出现"气味、目光、声音"等，如：

（1）李孝忠满有把握地率部<u>循着</u>原路回来。他们听到被远远撇在后面和追到岔道上去的追骑，不禁发出一阵阵愉快的揶揄的笑声。（徐兴业《金瓯缺》）

（2）王主任让孙四海到村边站着等一会儿，自己<u>循着</u>卤菜的香味进了村长余实的家。（刘醒龙《天行者》）

（3）沈建树突然发现小姑娘有点心不在焉，<u>循着</u>她的目光看上去，见另一个与自己年龄打扮相仿的男子，也朝这里走来。（毕淑敏《紫花布慢》）

（4）<u>循着</u>乐声望去，见一艘巨大画舫，正从上游缓缓驶来。舱里灯火通明，一大群古装女子，在甲板上轻歌曼舞，鼓瑟吹笙。（莫言《酒国》）

（5）黑娃爬上岸时，辨不清到了什么地方，肚子饿得咕咕叫，<u>循着</u>甜瓜的气味摸到沙滩岸上的一个瓜园里，摸了几个半生不熟的甜瓜，又顺着河岸上的小路往前走。（陈忠实《白鹿原》）

（6）我<u>循着</u>声音传来的方向望去——哦，是她。（喻杉《男神》）

（7）告别了老人，我<u>循着</u>歌声笑声方向走去。（陈熙《柑乡情》）

（8）从此往后，我悠悠的生命旅途，将会<u>循着</u>她清莹、委婉、秀丽的足迹，徐徐地汇向那浩瀚的生的海洋！（斯妤《武寿日记》）

（9）我<u>循着</u>响声望去，啊，竟是只大得怕人的巨蟹！（金同悌《太平洋上》）

（10）我们<u>循着</u>钟声一路走进寺院，已经昏暗了的大雄宝殿中，一个身披红黄两色袈裟的长老领着上百个黑衣和尚在佛像前做着诵经晚课。（《王朔文集》）

（11）每逢天空短暂放晴或者云层稀薄的时候，大批美军运输机就<u>循着</u>电台的指引蜂拥而至。（《邓贤文集》）

（12）<u>循着</u>一缕幽暗的桂花香，端午把走廊墙上挂着的油画逐一看了个遍。（格非《江南三部曲》）

（13）其他人已经走到很前面了，但没有关系，我们可以<u>循着</u>他们的气味走。（斯蒂芬妮·梅尔《布里·坦纳第二次短暂生命》）

（14）基里亚诺娃的目光循着口琴声找到了瓦斯科夫，她给嘉尔卡使了个眼色，这个舞会的明星心领神会地向他走去。（瓦西里耶夫《这里的黎明静悄悄》）

以上用例表明，介词"循着"的宾语在现代汉语中经历了由实到虚的扩展，其介词属性也逐渐增强。

第五节　照着

一、元明清时期的"照着"

经所介词"照着"形成于明代，用例不多，如：

唐状元挺身而进，进到里面，果是有一路火光，唐状元遵着老婆的教，<u>照着</u>火光路上一直跑。（明罗懋登《三宝太监西洋记》第85回）

清代，该用法也没有出现大规模扩展，使用频率依旧不高，如：

（1）马二先生<u>照着</u>这条路走去，见那玲珑怪石，千奇万状，钻进一个石罅，见石壁上多少名人题咏。（清吴敬梓《儒林外史》第14回）

（2）马二先生也不看他，过了一个小石桥，<u>照着</u>那极窄的石磴走上去。又是一座大庙，又有一座石桥，甚不好走。（清吴敬梓《儒林外史》第14回）

（3）走到有转弯的地方，留心去看，有那条子没有，要是没有，还得一直走；但见了条子，就<u>照着</u>那歪的方向转去，自然走到他家。（清吴趼人《二十年目睹之怪现状》第15回）

（4）梅克仁暗道："这却像我南边风规。但有这就罢。"不敢露出行藏，径依旧<u>照着</u>先走的街道，回衙复命。（清李绿园《歧路灯》第88回）

二、现代汉语中的"照着"

（1）因为我们并没<u>照着</u>任何路线走，而是想到哪里，便往哪里走。（海泽《诺贝尔文学奖文集》）

（2）我们就只好<u>照着</u>原路又走回来，宋妈在路上一句话也不说，半天才想起什么来，说："英子，你走累了吧？咱们坐车好不？"（林海音《城南旧事》）

（3）我和她是因为旧货出售活动认识的，那时我<u>照着</u>她亲手绘制的路线，从大路循指示找到她的住处。（卡罗琳·帕克丝特《巴别塔之犬》）

（4）他们只能够<u>照着</u>一条安排好的道路向东南前进；而这是由外来的

意志替他们决定好的。（托尔金《魔戒全集》）

（5）一切思想，也都<u>照着</u>极小的孩子的径路奔放发展：每天卧在床上，看护把我从屋里推出廊外的时候，我仰视着她，心里就当她是我的乳母，这床是我的摇篮。（冰心《冰心全集》第2卷）

（6）她们<u>照着</u>柳先生教的路走去，终于找到螳螂山。（森见登美彦《宵山万华镜》）

（7）我们<u>照着</u>刘老大爷所指的路径，往南走了不远，就看见去双清的石桥了，我们没过石桥，就往西上了山坡。（金受申《香山看红叶》）

（8）我们<u>照着</u>他所指示的方向望去，什么也见不着，只见河北岸一片葱郁的草野，平汉路蛇一样静寂地躺在那里，隐约地看出远远有红白色的摇旗在路轨旁屹立着。（蓬麦哲《到战地去》）

综上，现代汉语中，经所介词"照着"使用渐广，宾语多为表示"路线""道路"等名词或名词性短语，其介词属性随着宾语的扩展和使用频率的增加更加明显。

第六节　依着

一、元明清时期的"依着"

经所介词"依着"形成于元代，用例较少，如：

（陈季卿云）他四个都去了也。那风魔道士说我到家已近，休忘了正道，我想正道者，大路之谓也。我如今只<u>依着</u>大路趱行几步，回我家乡去来。（元范康《陈季卿误上竹叶舟》第2折）

明代，介词"依着"的用例仍旧不多，没有扩展迹象，如：

（1）行者慌别老翁，谢了道童，<u>依着</u>旧路而走。（明董说《西游补》第13回）

（2）闯入深山，<u>依着</u>旧路正走处，忽听得人喊马嘶之声，即举目观之，原来是狮驼洞口有万数小妖排列着枪刀剑戟，旗帜旌旄。（明吴承恩《西游记》第74回）

清代，介词"依着"略有扩展，搭配对象由表示道路的词语扩展为表示方向的词语，如：

（1）两公子不胜怅怅，立了一会，只得仍旧过桥，依着原路回到船上，进城去了。（清吴敬梓《儒林外史》第9回）

（2）我只得辞了出来，依着来路出城。（清吴趼人《二十年目睹之怪现状》第80回）

（3）说着话，就把鞭儿向东一指。凤孙忙依着他鞭的去向只一望，果然显出一条不广不狭的小径。（清曾朴《孽海花》第23回）

（4）兄弟姐妹走出营门，骑上牲口，带了几个家将，依着方向一路寻去。（清陈少海《红楼复梦》第91回）

二、现代汉语中的"依着"

现代汉语中，经所介词"依着"的宾语范围继续扩展，宾语类型较前代有很大不同，其扩展的轨迹也是由实到虚，如：

（1）含隐在墙壁里的灯光柔得和奶水一样儿。人群在那奶水般的灯光中，依着绳子拦线的路儿走。厅堂有半个麦场那么大，有殷实人家的一所宅院大，可留给你的路道却如只有一条左拐右拐胡同儿。（阎连科《受活》）

（2）我一路听着蝉声，依着林中的小路走，再几转就到了开化寺。（方令孺《琅琊山游记》）

（3）只要你一亲近它，它便一把油漆似的将你胶住，你非依着它的道儿走不可。（老舍《猫城记》）

（4）因为黄鱼喜温怕冷，春季天暖就密集成群，从外海游向近海，由东南向西北游，由洞头洋东南经过大陈洋到猫头洋、大目洋、大戬洋下子，到了秋天又依着原路向南回游，这时捕到的黄鱼就叫桂花黄鱼。（黎汝清《海岛女民兵》）

（5）文博士也看出来，他不必再请示什么，顶好是依着焦委员所指出的路子去作。（老舍《文博士》）

（6）将士们依着你的轨迹前进，美丽的仕女侍奉着我们一同欢乐。（施皮特莱尔《奥林匹斯的春天》）

（7）他周围的一切正如他所希望于自己的生活的：整齐，服从，<u>依着</u>各自的轨道进行。（欧阳山《家常话》）

（8）可是这古闸，实际上却已经是一种废物，假如我们<u>依着</u>这汹汹的流水的足踪走去，离小镇五里路。（柯灵《闸》）

（9）客人<u>依着</u>学徒的指点向他们俩一边行礼一边走过来。（巴尔扎克《幻灭》）

（10）小雨点<u>依着</u>那声音的来处看去，只见有一个泥沼在那里叫他去哩。（陈衡哲《小雨点》）

综上，经所介词"依着"在清代已经出现宾语扩展迹象，搭配对象由表示道路的词语扩展为表示方向的词语，在现代汉语中，经所介词"依着"的宾语又由表示具体道路的词语扩展为表示抽象道路的词语，由表示具体方向的词语扩展为表示抽象方向的词语，"依着"的语义也进一步虚化，介词属性进一步增强，其发展轨迹可以描述为：经所—方向—依据。

第五章 依据介词的产生及发展过程

第一节 本着

一、元明清时期的"本着"

介引依据的介词"本着"形成于清代，如：

（1）贾珍见到这里，一向**本着**这主意做去，又怕万一他走开了，后来的人未必能知道他的用心。（清郭则《红楼真梦》第61回）

（2）贾政对王夫人笑道："若问心，真真对不住皇上。只好也得**本着**他们的奏折说几句，不然又是事情。"（清云槎外史《红楼梦影》第11回）

二、现代汉语中的"本着"

（1）靡非斯陀你尽可以**本着**此意大胆尝试。同我联合吧！（歌德《浮士德》）

（2）哪怕是起了逆风，他们也要**本着**自己一成不变的处世哲学活下去。（老舍《四世同堂》）

（3）我明白警察的一切，所以我要本着良心把此地的警务办得完完全全，真像个样儿。（老舍《火车集》）

（4）无论在现在、在将来，他都**本着**这样一个见解行事，并且不惜付出大部分的精力以至多少次冒着生命危险，百折不回地促其实现。（徐兴业《金瓯缺》）

（5）**本着**一个奋斗者无所畏惧的天性，凯丽使自己的举止恰好符合一个好女孩的特点。（戴维·赫伯特·劳伦斯《姝妒》）

（6）让我代表我全家人谢谢你，多谢你本着一片同情心，不怕麻烦，受尽委屈，去找他们。（简·奥斯汀《傲慢与偏见》）

（7）现在，只求你本着一颗中国人的心，想着民族，想着未来，即使廖总此生此世搞不出个名堂来，还是那句老话，失败的教训也是可贵的，千万别再干那些蠢事了！（李国文《冬天里的春天》）

（8）的的确确，机灵鬼本着为朋友两肋插刀的精神，不止一次借机向同伴严肃指出，这种举止很不得体。（狄更斯《雾都孤儿》）

（9）我这个人什么都不计较，可就是别对我要花招，别放冷箭，要本着人的良心办事！（契诃夫《婚前》）

（10）在途中，他把文城城内的形势告诉了大家，并且本着他在抗战前对文城的认识，说出哪里可以隐避，和哪里应当作为联络的中心。（老舍《火葬》）

（11）新中国第一任农业部副部长杨显东，作为一名农业科学家，一贯本着科学的态度领导农业生产。（1996年作家文摘）

（12）潘比妮亚笑容可掬地跟他们行了个礼，向他们说明了她们作了怎么样一个打算，并且以她和全体姐妹们的名义，请求他们本着兄弟般纯洁的友爱，加入到她们的队伍里来。（薄伽丘《十日谈》）

（13）两位候补军官撞到他，可是他们仍然本着军人本色，紧随着队伍继续前进。（林语堂《朱门》）

（14）严母本着卫护儿子的慈母心肠，认为苌珠本人和她的毒物必有害于人。（宗璞《东藏记》）

（15）他是本着基督徒的精神，放债从来不取利息的。（莎士比亚《威尼斯商人》）

（16）但是本着这身心一致的精神，我可以这样说，我们的感情更加温柔。（简·奥斯汀《劝导》）

（17）也正是本着这样的意图，我把《源泉》一书里戏剧化的人生观念确定为"人类崇拜"。（安·兰德《源泉》）

（18）我本着谦恭有礼的态度，更恳切地、更有利地把这解释清楚。（约翰·凡勒丁·安德里亚《基督城》）

以上用例可知，现代汉语中，依据介词"本着"的搭配对象继续扩展，其介词属性也进一步增强。

第二节 依着

一、元明清时期的"依着"

依据介词"依着"形成于元代，如：

（1）那桃花女说今夜晚间，是北斗星官下降之日。我依着他的说话，摆下这七分香纸花果、明灯净水，拜告星官。（元王晔《桃花女破法嫁周公》第2折）

（2）张千，你去城里唤一个巧笔丹青来，依着这尸首画一个图本，着这婆子画一个字，领将这尸首去烧毁了。依着这尸伤图本打官司，便与我烧了这尸首者！（元王仲文《救孝子贤母不认尸》第2折）

（3）把似你休倚着梳门儿待月，依着韵脚儿联诗，侧着耳朵儿听琴。（元王实甫《西厢记》第4折）

（4）他不念呵便罢，若再念呵，我依着他那前韵，和一首点化此鬼。（元杨景贤《马丹阳度脱刘行首》第1折）

明清时期，介词"依着"用例渐多，如：

（1）过了两日，凤生到了金家了。那时冯老孺人已依着金三员外所定日子成亲，先叫媒婆去回话，请来迎娶。（明凌蒙初《二刻拍案惊奇》第9卷）

（2）老人便住在路旁，对行修道："十一郎可走去林下，高声呼'妙子'，必有人应。应了便说道：'传语九娘子，今夜暂借妙子同看亡妻。'"行修依言，走去林间呼着，果有人应，又依着前言说了。（明凌蒙初《二刻拍案惊奇》第23卷）

（3）那怪道："前程前程，若依你，教我嗑风！常言道，依着官法打杀，依着佛法饿杀。去也，去也！"（明吴承恩《西游记》第8回）

（4）单道台得意洋洋的答道："所谓'成竹在胸'，凡事有了把握，

依着条理办去，总没有办不好的。"（清李宝嘉《官场现形记》第57回）

（5）赵氏听了这话，摸头不着，只得依着言语写了一封字，遣家人来富连夜赴省，接大老爹。（清吴敬梓《儒林外史》第6回）

（6）王夫人知事难瞒，又瞧瞧袭人怪可怜的样子，只得便依着宝玉先前的话，将那往南安王府里去听戏时丢了这块玉的话，悄悄的告诉了一遍。（清曹雪芹、高鄂《红楼梦》第95回）

二、现代汉语中的"依着"

现代汉语中，依据介词"依着"使用频率很高，宾语类型继续扩展，宾语出现"心意、眼色、方法、指示、秩序、地址、次序"等名词或短语，如：

（1）学友因合纵连横的关系，彼此侦探家中的情形，而这位亲戚便依着他妈妈的心意把天赐叫作"私孩子"。（老舍《牛天赐传》）

（2）"法施于民"是使民有所，能依着他所给的方法去发展生活，像后稷能植百谷、后土能平九州，后世的人崇祀他们为圣人。（许地山《观音崇拜之由来》）

（3）叶莲子生怕惹他不快，小心翼翼地依着他的眼色行事。（张洁《无字》）

（4）"杨杏园听了这话，当真把东西捆束好了，一律交付富学仁去搬，自己闲着没事，也真依着他的话去听戏。（张恨水《春明外史》）

（5）我是驯顺地依着你的指示做的。我的思想行动，全受了你的影响。（茅盾《创造》）

（6）原先摆在场子里的高凳、矮凳儿，本是依着原样摆着的，那些用来做了凳椅的砖头和石头，也还都依着原来的秩序摆在场地上，规规矩矩呢，可是哦，那些早来的人就偷偷把位置挪移了。（阎连科《受活》）

（7）在饭馆随便吃了些东西，老胡便依着地址去找那叶老太太。（许地山《人非人》）

（8）但是既花了五块钱，爽性就把她的方法都试验试验吧；既不肯打她一顿，那么就依着她的主意办好了，万一有些灵验呢！（老舍《骆驼祥

子》）

（9）芸<u>依着</u>次序向他借阅，已经读过三十几分钟了。（巴金《秋》）

（10）<u>依着</u>一般的习惯，加奈尤其和那些跟他差别最厉害的朋友接近。（罗曼·罗兰《约翰·克利斯朵夫》）

（11）可惜我没醉，这不是你的错。<u>依着</u>你的心思，你巴不得我一辈子不清醒，除了现在是啊。（狄更斯《雾都孤儿》）

（12）天才的使命是创造，而要<u>依着</u>内心的法则创造一个簇新的有机体的世界，自己必须整个儿生活在里头。（罗曼·罗兰《约翰·克利斯朵夫》）

（13）当年女儿们在家的时候，<u>依着</u>各自的爱好种在院坝里的花草树木，如今虽然她们大都离开了这座院子，却还照样的一年四季轮换着开花。（周克芹《许茂和他的女儿们》）

（14）因为，在保守秘密之外，这些言论还能继续<u>依着</u>同一方针进行而不受扰乱也。（弗朗西斯·培根《培根论说文集》）

（15）想当年，<u>依着</u>姑姑的想法，也该把你们这拔小公狗统统地劁了，省了你们的老婆受罪。（莫言《蛙》）

（16）大人们讨论了一下，这个问题就<u>依着</u>我们的心意解决了，更令人高兴的是，妈妈说她自己也要跟我们去。（列夫·托尔斯泰《幼年》）

（17）天吾的目光<u>依着</u>顺序追寻着那亮着的一扇扇窗户。（村上春树《1Q84》）

（18）于是由周氏开始，众人<u>依着</u>长幼的次序轮流到拜垫前面去磕头。（巴金《春》）

（19）哈丽叶<u>依着</u>自己的性情整理了这间房，撤走了原先的所有绘画和装饰品，挂上了一面突尼斯窗帘，在壁炉架上摆上两个高高的红漆烛台。（戴维·赫伯特·劳伦斯《袋鼠》）

（20）于是吩咐少妇和他一起到内室去，听他有什么话要说，而她尽可以<u>依着</u>自己的心意回答。（薄伽丘《十日谈》）

综上，从依据介词"依着"的发展轨迹来看，介词"依着"在形成之初，其用例就已经比较多见，随着时代的发展，搭配对象继续扩展，介词属性也进一步增强。从其使用频率来看，"依着"已成为一个典型的依据类介词。

第三节　按着

一、元明清时期的"按着"

依据介词"按着"形成于明代，用例较少，如：

五条龙向空中乱舞，正按着金木水火土五行，互生互克，搅做一团，狂风大起。（明施耐庵《水浒传》第96回）

清代，"按着"开始扩展，搭配范围扩大，使用频率也相应增加，如：

（1）承辉、龙光两个心中暗喜，以为医生都辞了，这病是不起的了。谁知苟才按着端甫的旧方调理起来，日见痊愈。（清吴趼人《二十年目睹之怪现状》第104回）

（2）宝玉用眼随着簪子的起落，一直一画一点一勾的看了去，数一数，十八笔。自己又在手心里用指头按着他方才下笔的规矩写了，猜是个什么字。（清曹雪芹、高鄂《红楼梦》第30回）

（3）玉芝道："刚才春辉姐姐说我们今日之令乃千古绝唱，既如此，妹子明目就将此令按着次序写一小本，买些梨枣好板，雇几个刻工把他刻了，流传于世，岂不好么？"（清李汝珍《镜花缘》第93回）

二、现代汉语中的"按着"

现代汉语中，依据介词"按着"宾语类型继续扩展，使用频率略有提升，宾语出现"意志""地址""节奏""路线""日期""天资"等名词或短语，如：

（1）几百只手，几百只脚，凝成一个统一的整体，按着一个统一的意志、统一的节奏在努力奋战，这种英勇而豪迈的壮举震惊了全军，鼓舞了全军。（刘白羽《第二个太阳》）

（2）于是我叫茶房买半斤酒及一点饮酒的小菜，第二日清早将房钱付

了，手提着小包儿，顺着大街，按着介绍信封面上所写的地址找。（蒋光慈《少年飘泊者》）

（3）我按着他的指引、他的节奏走着，慢慢地，像是走了几十年。（余秋雨《漂泊者们》）

（4）有一回我到上海，和平伯到西门林荫路新正兴里五号去访他：这是按着他给我们的通信地址去的。但不幸得很，他已经搬到附近甚么地方去了。（朱自清《白采》）

（5）红狗让一条尖耳朵的杂种狗带领一半狗按着原先的路线进攻，一定要拼死进攻，不许后退。（莫言《红高粱家族》）

（6）直到临走苇子还在叮嘱："该怎么还怎么，按着原来的日期来吧，别管我，我误不了事。"（张炜《你在高原》）

（7）有时候试行复式制，两三班在一块，谁也不知干什么好。有时候试验分组法，按着天资分组，可是刚分好组又不算了。（老舍《牛天赐传》）

（8）因了亩数是按着红本分下的，红本儿又是按着家户下发的。（阎连科《受活》）

（9）今天是约定的日子，我要去见老港客 上午我和老邱随便吃了点东西，就按着地址去找那个走私巢子。（《王朔文集》）

（10）走到11路的环城车站，跳上车，车便按着一个循环的路线运行，起点便是终点，终点又便是起点。（冯骥才《雕花烟斗》）

（11）他有多少对美丽的家鸽，每天按着固定的时间，象一片流动的霞似的在青天上飞舞。（老舍《四世同堂》）

（12）按着马老太太的心意，这些规矩都须遵守，一方面是为避邪，一方面也表示出改嫁的寡妇是不值钱的——她自己可是堂堂正正，没有改嫁过。（老舍《四世同堂》）

（13）每件事，都按着一个正直文人的心意，依照所遇所见的实情作出，并不考据何种政治规范。（余秋雨《柳侯祠》）

（14）姚佩佩按着信封上的地址，很快在一个大水闸的边上找到了汤碧云的家。（格非《江南三部曲》）

（15）两年多后，一九四三年，顾秋水为执行任务，<u>按着</u>同样路线走了一趟。（张洁《无字》）

（16）在街巷的小摊吃过早饭，<u>按着</u>在延津记下的地址，去咸阳光德里街水月寺胡同一百二十八号去找罗安江家。（刘震云《一句顶一万句》）

（17）仆人都会喜欢我，敬重我，要不了多久，全会<u>按着</u>我的意思办事，就好像丹弗斯太太从来没掌过发号施令的大权。（达夫妮·杜·穆里埃《蝴蝶梦》）

（18）先看什么人，后看什么人，我并没有<u>按着</u>看的次序来写。（冰心《冰心全集》第6卷）

以上用例可知，依据介词"按着"产生之初发展比较缓慢，直至现代汉语，其用例有了明显的提高，搭配对象不断扩展，介词属性进一步增强，"按着"已发展成为典型的依据介词。

第四节　凭着

一、元明清时期的"凭着"

依据介词"凭着"最早出现于元代，如：

（1）则俺这不义之门，那里有买卖营运？无资本，全<u>凭着</u>五个字迭办金银。（元关汉卿《杜蕊娘智赏金线池》第1折）

（2）<u>凭着</u>八字从头断一生，叮咛、不教差半星。（元马致远《西华山陈抟高卧》第1折）

明清以后，介词"凭着"未见大规模扩展，如：

（1）你不过<u>凭着</u>符咒，袭取一时，盗窃天地之精英，假借鬼神之运用。（明施耐庵《水浒传》第97回）

（2）我道："学两句话还不容易么，我是<u>凭着</u>一卷《诗韵》学说话，倒可以有'举一反三'的效验。"（清吴趼人《二十年目睹之怪现状》第34回）

（3）你们<u>凭着</u>甚么分得这地？就使这地不干我事，都是晁近仁自己的

地，放着晁为仁亲叔伯兄弟，你们"山核桃差着一格子"哩！（清西周生《醒世姻缘传》第53回）

二、现代汉语中的"凭着"

（1）凭着一个知兵的老将的经验，他首先看到的是有一半士卒士气不振，他明白形势已十分严重。（徐兴业《金瓯缺》）

（2）我至今也弄不明白那么个小小的东西是凭着什么法术使河堤决口的，也弄不明白鳖小福子把眼睛从漩涡上移出来，怯怯地问我："哥，真有老鳖吗？"（莫言《罪过》）

（3）你既然对于自己国中的虚实了如指掌，就可以凭着你自己的经验决定进军的方策。（莎士比亚《科利奥兰纳斯》）

（4）在这一点我也许像觉慧，我凭着一个单纯的信仰，踏着大步向一个简单的目标走去：我要做我自己的主人！（巴金《家》）

（5）他明白了，凭着一个有感情的人敏锐的直觉，他完全明白了。（斯蒂芬·茨威格《变形的陶醉》）

（6）我想，这凭着一小条无根无据的消息，她编不出多少故事来。（简·奥斯汀《劝导》）

（7）这并非因为我对他们疯狂的雄辩盲目地崇拜，而是因为我能凭着严谨的思维习惯，不费力气地识破他们的虚伪。（爱伦·坡《瓶子中的手稿》）

（8）但后者凭着丰富的战斗经验，把那宽阔的肩膀缩掩在牛皮战盾的后面。（荷马《伊利亚特》）

（9）现在只是凭着主观意志上的努力克制，才使他没有天天到小河那边去，他不跟萨丽在一起的时候，他还是在始终想到她。（毛姆《红毛》）

（10）亚当凭着亲身经验，可以猜测得到售货员在动什么样的脑筋。（阿瑟·黑利《汽车城》）

（11）他能派遣大批最高天使，凭着他们的意志力，去创造原始的以太天地，其间附有以后发展所需要的内在性质和力量。（西奥多·德莱塞《天才》）

（12）因为凭着他悲观的看法和阅世的经验，知道一个人被患难磨折的结果，顽强的意志终于会就范的。（罗曼·罗兰《约翰·克利斯朵夫》）

（13）潘申凭着他所特有的那种能迅速了解别人感觉的本能，很快就猜度到。（伊凡·谢尔盖耶维奇·屠格涅夫《贵族之家》）

（14）因此他立刻要求斯捷潘·阿尔卡季奇到乡下去，好像这是他的义务似的，请他凭着他的丰富的鉴赏力把那里的一切布置好。（列夫·托尔斯泰《安娜·卡列尼娜》）

（15）但是凭着他那坚强的意志他把事务料理清楚以后，带了一个仆人，先到安康纳，把全部财产收拾在一起，托他的一个合伙人寄运到佛罗伦萨，存放在合伙人的朋友那儿。（薄伽丘《十日谈》）

（16）巴门尼德答道，尽管我感到自己就像伊彼库斯迈的赛马站在起跑线上战栗，凭着以往的丰富经验知道自己面对的是什么，但我无法拒绝你们的盛情。（柏拉图《柏拉图全集》）

（17）所以，神父，凭着你的丰富的见识阅历，请你赶快给我一些指教。（莎士比亚《罗密欧与朱丽叶》）

（18）以《我是猫》为起点，夏目漱石正式走上了文学创作的道路，凭着冷彻的头脑和犀利的笔触，向日本反动统治阶级勇猛地开战，为日本近代文学建立了不朽的功绩。（夏目漱石《三四郎》）

（19）这是个明智的决定，因为这件事可能使佐治感到困恼，因此他凭着在黑暗中感知的本领，加快了移动的速度。（翁贝托·艾柯《玫瑰之名》）

综上，从依据介词"凭着"的发展轨迹来看，产生之初，介词"凭着"的用例较少，宾语未见大范围扩展，直至现代汉语，"凭着"的宾语扩展较明显，宾语不仅可以是具体概念"消息"等，也可以是抽象概念"经验""信仰""直觉""思维习惯""意志力""鉴赏力""看法""本能""阅历"等，随着宾语由实到虚的扩展，"凭着"的介词属性也进一步增强，已成为典型的依据介词。

第五节　循着

一、元明清时期的"循着"

依据介词"循着"在清代出现，用例不多，如：

（1）到了明天早起，他的报丧条已经到了，我便<u>循着</u>俗例，送点蜡烛、长锭过去。（清吴趼人《二十年目睹之怪现状》第86回）

（2）新姑爷先进来行礼，伯琴替了兰生<u>循着</u>俗礼，把珊宝浓妆大服，打扮得天仙一般，搀了出来。（清梁溪司香旧尉《海上尘天影》第55回）

二、现代汉语中的"循着"

（1）同性恋男子却由于不能受到女性自身的吸引，难以自然地对她们产生性爱，所以会<u>循着</u>一条相反的逻辑择偶。（王小波《东宫·西宫》）

（2）上司作为一个企业家，他对职员判断容易失误，总是<u>循着</u>不利于职员的思路判断。（卡夫卡《变形记》）

（3）但孛罗家族三人并不畏难，他们<u>循着</u>我国和西南亚各国人民开辟的"丝绸之路"续继前进，走过叙利亚、外高加索，两河流域，横贯伊朗全境，北上阿姆河上游，涉足中亚沙漠地带，越过帕米尔高原，又迤逦东行。（潘庆云《马可·孛罗和他的〈东方见闻录〉》）

（4）我<u>循着</u>他指的方向望去。（叶永烈《小灵通再游未来》）

（5）事物总是<u>循着</u>量变到质变的规律前进，旧中国的金融市场随着民主革命的结束而结束，当时我国实行的是资金集中与分配主要通过财政渠道，银行只是一个出纳机关。（贾履让、房汉廷《宏观市场理论研究：市场结构》）

（6）这些科学的认识，是<u>循着</u>历史的发展而产生的，形成的。（陈卓猷《演员创造论》）

（7）它只好不情愿地、歪歪倒倒地<u>循着</u>爷爷给它规定好了的末日之路走去。（白桦《我的遥远的故乡》）

（8）不过毛泽东并没有<u>循着</u>刘昼的思路，一个拐弯，回到了原来的主旨上："竹可黄而不可毁其节。派你出去，是要完璧归赵喽！你也做个蔺相如吧！"（1994年作家文摘）

（9）他害怕了，语音学要用三倍的安静、十倍的细致，<u>循着</u>铁轨一般的规律默默地干。（张承志《黑骏马》）

（10）后来就<u>循着</u>生活轨迹平稳地去了该去的车站。（赵琪《告别花都》）

（11）多年来，译介者<u>循着</u>作者的意图把它看作一本"创作经验谈"，可读者却总是划出这样的边界，将心弦牵扯出甜蜜的疼痛，印证着文学的美梦。（帕乌斯托夫斯基《金蔷薇》）

（12）瞧淬、散发着烤肉香气的蝗虫的完整尸体和残缺肢体，<u>循着</u>依稀的驴蹄印和九老爷的大脚印，循着四老妈挥发在澄澈大气里的玫瑰红色茉莉花般撩人情欲的芳香，飞也似的奔跑。（莫言《食草家族》）

（13）玛特威在胸前画了个十字，两只手拿起铁棍，严格<u>循着</u>刚才画好的圆圈，动手凿冰。（契诃夫《艺术》）

（14）我们<u>循着</u>地图上所有的新发现，走过其他房间。（翁贝托·艾柯《玫瑰之名》）

综上，依据介词"循着"产生的时代较晚，直至清代才出现少量用例，现代汉语中，"循着"的宾语出现了扩展的迹象，介词"循着"的宾语可以是表示具体概念的"轨迹""脚印""圆圈"等，也可以是表示抽象概念的"思路""意图""逻辑"等。而随着"循着"的宾语由实到虚的扩展，"循着"的介词属性也进一步增强。

第六节　照着

一、元明清时期的"照着"

依据介词"照着"形成于明代，此时用例较少，如：

（1）三藏道："悟空，只是你多嘴饶舌，方喜过了女国，躲了女古怪之难，却又遇着这婆子，你便<u>照着</u>女僧模样走罢。却又变转原相来，叫我那存想之心一动移了，便装女僧不来。（明无名氏《续西游记》第57回）

（2）敬济亦脱的上下没条丝，又拿出春意二十四解本儿，放在灯下，<u>照着</u>样儿行事。（明兰陵笑笑生《金瓶梅》第83回）

清代，"照着"用例增多，搭配对象范围扩大，代词、名词、名词性短语都可以做"照着"的宾语，如：

（1）写完递与他道："你就<u>照着</u>这个送到亭彩店内去做。"（清吴敬梓《儒林外史》第26回）

（2）平常晴天的时候，<u>照着</u>老法子去走，又有日月星辰可看，所以南北东西尚还不大很错。（清刘鄂《老残游记》第2回）

（3）继之道："他是<u>照着</u>俗写的'膣'字化出来的，俗写'膣'字是个'又'字旁，所以他也把这'又'字替代了'莫'字。"（清吴趼人《二十年目睹之怪现状》第12回）

（4）怎么得有人也<u>照着</u>这个园子画一张，或带了家去，给他们见见，死了也得好处。（清曹雪芹、高鄂《红楼梦》第40回）

（5）袭人道："方才太太叫鸳鸯姐姐来吩咐我们：如今老爷发狠叫你念书，如有丫鬟们再敢和你顽笑，都要<u>照着</u>晴雯司棋的例办。"（清曹雪芹、高鄂《红楼梦》第82回）

二、现代汉语中的"照着"

（1）那学生无话可说，在心上计划："我司她说什么？"<u>照着</u>一个男子的身分，一种愚蠢的本能，这学生总不忘记另一个人，就说："陈白先生很有趣。（沈从文《一个女剧员的生活》）

（2）遇到发嘘的地方，应该教人哄笑的对白，由演员预先暗示大家准备的地方，他们便哄笑一阵。当那般悲壮的傀儡<u>照着</u>一定的规矩打呃、叫吼，或是晕过去的时候，大家便撺鼻涕、咳嗽、感动得下泪。（罗曼·罗兰《约翰·克利斯朵夫》）

（3）大概过了一两个小时之后，他们完全失去了方向感，只知道从很久以前一行人就已经偏离了北方的方向。他们只能够<u>照着</u>一条安排好的道

路向东南前进；而这是由外来的意志替他们决定好的。（托尔金《魔戒全集》）

（4）金荣向燕西说："白小姐昨夜一点多钟，又打过一次电话来，就是照着七爷的意思，说没有回来。（张恨水《金粉世家》）

（5）我们照着abc的顺序给这些宝贝取名字，上一个是s——斯瓦布尔，我给取的。（狄更斯《雾都孤儿》）

（6）原来这茶是茶清照着《太平圣惠方》的方子亲自配的，内有葱白、淡豆豉、荆芥、薄荷、山栀、生石膏，再加紫笋茶末。（王旭烽《茶人三部曲》）

（7）他照着《红楼梦》上所说贾宝玉那块玉的样子，让玉器店里给洗磨出来，分明说我们的孩子是贾宝玉。（张恨水《春明外史》）

（8）假如太太有朝一日不照着他所熟习的方法走路，那要多么惊心而没有一点办法！（老舍《集外》）

（9）我照着他指的方向来到一栋矗立在路旁的小石屋，车道上的砂砾层看起来像用梳子梳过一样。（彼得·梅尔《永远的普罗旺斯》）

（10）每次他想到她是爱他的，她肯心甘情愿照着他的心意去做，他就感到伤痛和无限的悲哀，一股像巨浪似的深厚柔情泛滥在他的心里。（亨利克·显克维支《你去什么地方》）

（11）如果他能走，他一定立刻照着他的心愿做；但是不幸，他的身体跟树木一个样，定在泥土里，连半步也不能动。（叶圣陶《稻草人》）

（12）于是皮罗等着看这位夫人怎么做法。过了几天，尼柯特拉多照着他一贯的作风，大摆筵席，请了几位要好朋友来豪饮。（薄伽丘《十日谈》）

（13）佩芳道："我不是说一句不知上下的话，我们上一辈子，不就是两个姨母吗？母亲对姨母是怎样呢？他照着上人的规矩办下来，我还能说什么？（张恨水《金粉世家》）

（14）或者是向东走，投入恐惧和魔影之下；或者我们必须分散，照着个人的意志拆散成小队？无论如何，我们都必须赶快决定。（托尔金《魔戒全集》）

（15）夏捷就说：这真是缘分，你们看看这唐侍女像不像柳月？眉眼简直是<u>照着</u>柳月捏的！柳月看了，也觉得酷像，说了句：是我<u>照着</u>人家生的吧！（贾平凹《废都》）

（16）我哥哥和那几个朋友都是军人，只要<u>照着</u>他们的债款扣钱，别人是不敢说话的。（张恨水《金粉世家》）

（17）往后就要<u>照着</u>它执行？（陈其行《宣战》）

（18）海斯和她的丈夫使用的每一件工具，它都要去摸弄，每一个小的动作，它都要<u>照着</u>去做一下，比如梳头，剪指甲，用锯子，钻孔，开瓶，削铅笔等。（张锋《神秘的黑猿国》）

（19）他决定要把那只狗训练得非常出色，甚至，他还先用旧木板，照着书上最新式的式样，盖了一间狗房。（萧建亨《奇异的机器狗》）

（20）它回头一指，蟋蟀<u>照着</u>指的方向看去，看见有些像蛆一样的小白虫，在泥土上蠕动。（罗西《蚂蚁的大家庭生活》）

（21）李能冷笑了一声，"你就不想想谁有这个经验！办社就这么容易？这不是吹糖人儿，吹口气就成。""没有经验，我们就<u>照着</u>人家耿长锁的脚印儿走。要是不办，什么时候儿也没有经验。"（魏巍《东方》）

（22）我们<u>照着</u>刘老大爷所指的路径，注南走了不远，就看见去双清的石桥了，我们没过石桥，就往西上了山坡。（金受申《香山看红叶》）

（23）真相终于大白，她愤然离家，<u>照着</u>父亲日记上记载的生母的工作单位地址，找生母去了。（王薇华《她走了》）

（24）大家又<u>照着</u>娘花绣出的花木、田园、村寨和山水的图案，经过辛勤劳动，初步把这里打扮成鲜花盛开，绿树成荫的地方。（汛河《布依族风俗志》）

综上，依据介词"照着"清代开始出现宾语扩展迹象，现代汉语中，"照着"的用例更多，宾语范围进一步扩大，其介词属性也进一步增强，已经发展成为一个典型的表依据的介词。

第七节　挨着

一、元明清时期的"挨着"

依据介词"挨着"见于清代，如：

我想我们当家的在日，那间屋子里，一天至少也有十几个人，围着那盏灯，一个起来，一个躺下，倒像吏部里选缺一样，<u>挨着</u>次序来。（清陈森《品花宝鉴》第43回）

二、现代汉语中的"挨着"

（1）当他从自己少年时代能记事的时候起，<u>挨着</u>年月回顾到如今，他感到无限惋惜。（周克芹《许茂和他的女儿们》）

（2）进来之前，他从来不忘了把脚下的灰土踩干净，再<u>挨着</u>年纪向每个人招呼，然后拣屋里最隐僻的一角坐下。（罗曼·罗兰《约翰·克利斯朵夫》）

（3）他不仅<u>挨着</u>字母逐条细读，见了新版本，还不嫌其烦地把新条目增补在旧书上。（杨绛《记钱钟书与〈围城〉》）

（4）他们不能<u>挨着</u>家儿去告诉那些生茶座儿：他是"兔子"。（老舍《火车集》）

（5）马上在旁边桌上拿过酒壶，<u>挨着</u>席次，斟了一遍酒。（张恨水《啼笑因缘》）

综上，依据介词"挨着"产生的时间较晚，至清代才见用例，且用例较少。现代汉语中，依据介词"挨着"用例仍少见，其后宾语未见大范围扩展，介词属性不明显。但以上各例中"挨着"具有明显的依据义，表明"挨着"具有依据介词的用法，只是这种用法不典型，"挨着"并未发展成为典型的依据介词。

第八节　随着

一、元明清时期的"随着"

元明清时期未见依据介词"随着"的用例，"随着"此时主要表示伴随义，动词属性较明显。

二、现代汉语中的"随着"

（1）他们的高傲不论在性质和对象方面多么不同，但在程度上却是相等的；在他们毫不相让的敌对状态中，他们的高傲就像燧石一样，在他们之间打出火花来；它随着不同情况，时而闷火慢燃，时而炽烈地燃烧，但全都把他们相互能接触到的一切东西焚毁无遗，使他们结婚的旅程成为一条撒满灰烬的道路。（狄更斯《董贝父子》）

（2）它们刚好在惯常的涨潮时间贮满了多鱼的清水；随着不同的时辰和季节，这河水时而灰混，时而清澄。（玛格丽特·杜拉斯《广岛之恋》）

（3）至于引起焦虑的对象和情境，则大部分随着一个人对于外界的知识和势力的感觉而异。（弗洛伊德《精神分析引论》）

（4）在战斗中会刮起一阵风，那是一阵热风，又热又干，就像你嘴里的感觉那样它刮得劲头十足，又热又脏，随着一天中战局的变化而起风或停息。（海明威《丧钟为谁而鸣》）

（5）但是在某种意义上说，我也记得别的季节，因为我的所有记忆都跟吃的东西密切相关，随着一年里的不同季节而变化，特别是以前常能从树篱里找到的东西。（乔治·奥威尔《上来透口气》）

（6）胡秉宸越发相信，一个人的面相、气度，绝对会随着不义之财的积累、蝇营狗苟的行为而变异。（张洁《无字》）

（7）同样的喜欢，却也随着不同时候而有所改变，最初，喜欢得无法自已，一想到你就坐立不安。（渡边淳一《红花》）

（8）于是书面语就获得了一种独立的存在，不过多多少少也随着不同

文学样式的变化而变化。（林语堂《吾国与吾民》）

（9）时间这种透明的液体从来就不是均量地和匀速地流淌着，它随着不同的感知力悄悄变形，发生着人们难以觉察的延长或缩短，浓聚或流散，隆凸或坍塌。（韩少功《马桥词典》）

（10）夏正思念了《卡拉马佐夫兄弟》中的一段，尤甲仁念了《双城记》中的一段，别人也各有选择，气氛随着不同的朗诵转变，又专注又活泼。（宗璞《东藏记》）

综上，依据介词"随着"直至现代汉语中才出现，用例较少，其后宾语范围也比较狭窄，仍在发展演变进程中，其介词属性不明显。

第六章　条件介词的产生及发展过程

第一节　趁着

一、元明清时期的"趁着"

条件介词"趁着"形成于元代，如：

（1）我趁着这月色微明，连夜趱到汴梁，救拔我那燕青兄弟去也。（元李文蔚《同乐院燕青博鱼》第4折）

（2）兄弟，趁着这个机会，咱二人上朝应举去来。媳妇儿有甚么嘱付的言语，嘱咐兄弟咱。（元王实甫《吕蒙正风雪破窑记》第2折）

（3）我着绛纱蒙，翠盘盛。两般礼物堪人敬，趁着这新秋节令赐卿卿。（元白朴《唐明皇秋夜梧桐雨》第1折）

（4）小姐，那先生缠定咱，把前后门重重闭上，咱去卧房坐下，他须不能勾进来，咱慢慢的饮几杯酒。托天地祖宗，好是快活。趁着这夏景清和，避暑乘凉，好受用也呵！（元贾仲明《铁拐李度金童玉女》第3折）

明清时期，介词"趁着"的使用频率增加，用法更灵活，如：

（1）金莲道："只说你会唱的好曲儿，倒在外边铺子里唱与小厮听，怎的不唱个儿我听？今日趁着你姥姥和六娘在这旦，只拣眼生好的唱个儿，我就与你这钥匙。（明兰陵笑笑生《金瓶梅》第33回）

（2）如意儿就悄悄向西门庆说："我没件妆裙袄儿，爹趁着手儿再寻件儿与了我罢。有娘小衣裳儿，再与我一件儿。（明兰陵笑笑生《金瓶梅》第74回）

（3）绍闻道："他们齐说娘得了孙孙，就趁着做满月，送屏送戏庆庆

77

寿罢。"（清李绿园《歧路灯》第77回）

（4）烟火匠道："<u>趁着</u>他的衣裳上张着风儿，一发滚着烧。（清李绿园《歧路灯》第104回）

（5）且说尤辰是日同小乙驾了一只三橹快船，<u>趁着</u>无风静浪，摇到西山高家门首停舶，刚刚是未牌时分。（明冯梦龙《醒世恒言》第7卷）

（6）原来那晚这个贼人，有名的叫做雕儿手，一起有十来个，专一<u>趁着</u>热闹时节，人丛里做那不本分的勾当。（明凌濛初《二刻拍案惊奇》第5卷）

（7）正闷坐间，猛可想起道："我那一篓红橘，自从到船中，不曾开看，莫不人气蒸烂了？<u>趁着</u>众人不在，看看则个。"（明凌濛初《二刻拍案惊奇》第1卷）

（8）那大虫望李逵势猛一扑。那李逵不慌不忙，<u>趁着</u>那大虫的势力，手起一刀，正中那大虫那大虫不曾再展再扑。（明施耐庵《水浒传》第43回）

（9）今儿甄家送了来的东西，我已收了。咱们送他的，<u>趁着</u>他家有年下进鲜的船回去，一并都交给他们带了去罢？（清曹雪芹、高鹗《红楼梦》第7回）

（10）一面想，一面流泪问道："你有什么说的，<u>趁着</u>没人告诉我。"（清曹雪芹、高鹗《红楼梦》第77回）

二、现代汉语中的"趁着"

（1）他们<u>趁着</u>一个风高月黑的晚上，不知在哪一个荒凉的小岛附近袭击了它。（大仲马《基督山伯爵》）

（2）我也不放心她在村里的苦日子，就<u>趁着</u>一天夜里把她驮上走了。（张炜《你在高原》）

（3）半年前，<u>趁着</u>一年中最为空闲的夏秋之交，他将全体工作人员召集到会议室，见样学样地搞了几次"集体学习"。（格非《江南三部曲》）

（4）屠人虽然每日屠猪杀羊，但是一见自己的血，心也会软，不说他<u>趁着</u>一时的义气演出这出惨剧，自然是受不了。（许地山《女儿心》）

（5）<u>趁着</u>一时的勇气，我表示自己不会改变信仰。（奥尔罕·帕慕克《白色城堡》）

（6）他偷偷地把马牵了出去，<u>趁着</u>一阵骚乱，神不知鬼不觉地奔到了渡口。（普希金《上尉的女儿》）

（7）父子俩<u>趁着</u>上厕所的机会商量，暂时先回省城，等开年后天气暖和了，再来继续支教。（刘醒龙《天行者》）

（8）<u>趁着</u>不停的隆隆雷声和风雨声，两人悄悄走进伊万的病房，大师站到伊万床前。（米·布尔加科夫《大师和玛格丽特》）

（9）<u>趁着</u>仆人收拾他们的行李，莎伦转过头来最后再看了一眼正沉入别墅后浓密森林中去的桔红色太阳。（戴维·赫伯特·劳伦斯《嫉妒》）

（10）<u>趁着</u>今夜月色甚好，不如到外面去走一遭，看看城上的情形，再作计议。（刘斯奋《白门柳》）

（11）不如<u>趁着</u>今天这个机会，实地去调查看看。（张恨水《春明外史》）

（12）别的不说，<u>趁着</u>他现在手头还宽裕，你应该自己攒几个钱。（张爱玲《半生缘》）

（13）也许德封丹纳先生私下希望能够<u>趁着</u>内阁变动的机会，进入贵族院当议员。（巴尔扎克《苏镇舞会》）

（14）他们<u>趁着</u>到伦敦春游的机会，硬是结识了埃利奥特先生。（简·奥斯汀《劝导》）

（15）我要<u>趁着</u>圣诞节把这些事赶出来，一到新年事情就都办齐了。（亨利克·易卜生《玩偶之家》）

（16）好在屋里没灯，<u>趁着</u>外头的灯光还没有射进来，她便蹲在门后。（许地山《女儿心》）

（17）<u>趁着</u>大伙儿不注意，在洗碗的间隙，我往上衣口袋里塞满面包干儿、肉干儿。（罗伯特·路易斯·史蒂文森《金银岛》）

（18）等哪天有了，我再<u>趁着</u>天黑以后给你们送来。（海明威《你们决不会这样》）

（19）但<u>趁着</u>她去洗手间的当儿，我还是悄悄地塞给那个服务员一张伍

元钞票，他会意地对我点点头表示感谢。（谭恩美《喜福会》）

（20）第二天一大早，鸡子刚叫过头遍，她就掂着一根棍子，*趁着寒冷的月光*，朝西南方向上路了。（李准《黄河东流去》）

综上，条件介词"趁着"产生之初搭配对象就比较灵活，其后不仅可以接名词，也可以接名词性的偏正短语或谓词性的主谓短语。至清代，条件介词"趁着"的使用频率明显增加，到了现代，"趁着"的使用频率继续增长，搭配对象也更加灵活，与其他"X着"类介词不同的是，"趁着"其后多出现短语结构，表示"借由……的条件"。一般来说，短语相对于词来说语义更具体、完整，说明"趁着"对其后宾语的语义有一定的要求，必须是具体、充足的条件义才能充当"趁着"的宾语。以上表现，使得"趁着"与其他条件介词形成用法上的互补分布。总之，介词"趁着"在现代汉语中已经发展成介引条件的典型介词。

第二节　借着

一、元明清时期的"借着"

条件介词"借着"最早见于元代，如：

贫道就着判官，*借着这玉兰尸首*，放碧桃还魂。皆是贫道之力也。（元无名氏《萨真人夜断碧桃花》第4折）

明代，介词"借着"并没有出现扩展迹象，用例不多，如：

（1）话说余元烧土行孙，命在须臾。也是天数，不该如此，只见惧留孙正坐蒲团默养元神，见白鹤童子来至曰："奉师尊玉旨，命师兄去救土行孙。"惧留孙闻命，与白鹤童子分别，*借着纵地金光法*来至汜水关里。（明许仲琳《封神演义》第75回）

（2）不期自取了经去，至今二三百年，不但未曾度得一人，*转借着经文*败坏我教，世尊至今尚时时追悔。（明无名氏《后西游记》第35回）

清代，介词"借着"的用例渐多，搭配对象也逐渐扩展，可介引"事情""话""因由""题目""名儿""机会""月光"等，如：

（1）我道："那做酒令的借着孟子的话骂我们，当我们是叫化子呢。"（清吴趼人《二十年目睹之怪现状》第13回）

（2）五则园内丫头太多，保的住个个都是正经的不成？也有年纪大些的知道了人事，或者一时半刻人查问不到偷着出去，或借着因由同二门上小幺儿们打牙犯嘴，外头得了来的，也未可知。（清曹雪芹、高鹗《红楼梦》第74回）

（3）后来我到二奶奶那边去，二奶奶正和平姐姐说呢，说那都是门客们借着这个事讨老爷的喜欢，往后好拉拢的意思。（清曹雪芹、高鹗《红楼梦》第90回）

（4）一日邢大舅王仁来，瞧见了贾芸贾蔷在在这里，知他热闹，也就借着照看的名儿时常在外书房设局赌钱喝酒。（清曹雪芹、高鹗《红楼梦》第117回）

（5）他是一个没有差使的黑道台，抚台原可以不见他的，只因他脾气好说话，署院把他训饬惯了，好借着他发落别人，所以他十次上院，倒有九次传见。（清李宝嘉《官场现形记》）第21回）

（6）这个时候，抚台同伊大人心上都是明白的，不过借着这个题目鬼画符而已。（清吴趼人《糊涂世界》第1回）

（7）一到家，他的女人便把马廉有宋媒婆勾包皮，所以欺负你这一番话说了一遍。施子顺一腔怒气，本来无可发泄，却好借着这个机会痛骂了一顿。（清吴趼人《糊涂世界》第7回）

（8）那人听见便立住脚，站在轿子面前，白莼秋便掀开轿帘，借着月光先将他仔细一看。（清牢骚子《南朝金粉录》第9回）

二、现代汉语中的"借着"

（1）街上过往的行人借着一天天变长的白天的光线，读着墙上的通知。（帕斯捷尔纳克《日瓦戈医生》）

（2）门开了，借着一小块的天光，把蝶衣的影儿引领着，他细认这出头的旧地，恋恋前尘。（李碧华《霸王别姬》）

（3）这就好比是用一杯酒水来换取姑娘的五分钟，让他借着一支舞的

机会凭着一副好口才把自己推销出去。（尼尔·嘉文《坚持》）

（4）人们都一口咬定说，那个天生的聋哑人借着一股灵气就能开口说话，灵气一过就又成了哑巴。（帕斯捷尔纳克《日瓦戈医生》）

（5）那时以色列人在埃及已经当了很久的奴隶，但借着上帝的帮助，他们在摩西的领导下终于回到了以色列的土地。（乔斯坦·贾德《苏菲的世界》）

（6）周延儒有一个心腹幕客，名叫董廷献，为人狡狯贪婪，借着主人的权势，卖官鬻爵，贪赃受贿，早已秽声载道。（刘斯奋《白门柳》）

（7）用衣角把玻璃框擦了一下，借着亮光，觑起眼睛，仔细的瞧了一番。（白先勇《台北人》）

（8）这时却借着众人的气魄，便乘机发泄他们的含恨，于是自然的参加到这人堆里来了。（胡也频《船上》）

（9）那人在那里站好之后，望着上面明亮的窗口，借着人影的移动，可以判断屋里发生的事情。（大仲马《王后的项链》）

（10）现在社会上已经有了声望，和他同席的都借着他是医生的缘故，拿北平市卫生问题做谈料。（林徽因《九十九度中》）

（11）你们就可以借着他的恶劣的脾气做理由，拒绝他当执政。（莎士比亚《科利奥兰纳斯》）

（12）因为他的军队是借着他的钢铁般的意志团结起来的，一旦失去主脑，就像一块块钝重的顽铅似的，大家各自为政。（莎士比亚《亨利四世》）

（13）英国人借着伏尔泰的一句名言，说"英国靠了信仰纷起而得到的宽容"，法国经过了大革命还没有能得到。（罗曼·罗兰《约翰·克利斯朵夫》）

（14）一看这个狮子般的动作，暗探们借着众人叫喊的威势，一齐掏出手枪。（巴尔扎克《高老头》）

（15）借着余烬的微光，默默无语、全神贯注地在看书，与周围的一切隔绝开来。（夏洛蒂·勃朗特《简·爱》）

（16）虽然你们不过是些弱小的精灵，但我借着你们的帮助，才能遮暗

了中天的太阳，唤起作乱的狂风，在青天碧海之间激起浩荡的战争。（莎士比亚《暴风雨》）

（17）<u>借着</u>你的名义，既同上面拉上了关系，又给自己铺平了路子。（张平《抉择》）

（18）一八三年，我在博尔盖兹宫看见另一位公主，她<u>借着</u>兄长的光荣而引人注目。（夏多布里昂《墓畔回忆录》）

（19）让我在平和中思索我的残余的思想，使我的灵魂<u>借着</u>冥想和虔诚的祈愿的力量脱离我的躯壳。（莎士比亚《约翰王》）

（20）如此想着，<u>借着</u>到屋子去拿东西，先看动静。（张恨水《金粉世家》）

综上，条件介词"借着"在清代搭配对象已很广泛，用例较多。在现代汉语中，"借着"用例依旧较多，其搭配对象继续扩展，后可接表具体概念的"力量""帮助""名言""光线"等，也可接表抽象概念的"意志""脾气""气魄""权势""灵气""名义""威势"等。这表明，介词"借着"在现代汉语已发展成为典型的条件介词。

第三节　就着

一、元明清时期的"就着"

条件介词"就着"最早出现在元代，元杂剧中出现频率较高，如：

（1）您孩儿去这轿儿后面，还有一把儿米，<u>就着</u>这涧泉水，我淘了这米，拾的一把儿柴，兀的那一家儿人家！（元秦简夫《宜秋山赵礼让肥》第1折）

（2）凉月辉辉，寒风飒飒，<u>就着</u>这月朗风清，索自天摧地塌。将匕首斜藏，把衣服拽扎，靠着柳阴，映着月华，将地面牢蹅，把墙头紧把。（元杨梓《忠义士豫让吞炭》第3折）

（3）（赛卢医云）待我剥下你的衣服，将来与梅香穿上。<u>就着</u>这把刀子，划破他面皮，揣在怀里。你休言语，跟着我走。（元王仲文《救孝子贤

母不认尸》楔子）

（4）<u>就着</u>这黄菊吐清芬，白酒正清醇。相逢万事都休问，想咱人则是离多会少百年身。（元宫天挺《死生交范张鸡黍》第1折）

（5）那王小二便道：我大街撞见你，一无话说。若僻巷里撞见，我杀了你。我<u>就着</u>这事问王小二要了一纸保辜文书。明日员外出城索钱去，你跟到无人去处，将他所算了。（元孙仲章《河南府张鼎勘头巾》楔子）

（6）前日长老将钱去与老相公做好事，不见来回话。道与红娘，传着我的言语去问长老：几时好与老相公做好事？<u>就着</u>他办下东西的当了，来回我话者。（元王实甫《西厢记》第2折）

（7）这孩儿弓马倒强似我，<u>就着</u>我这孩儿的威力，早晚定计，弑了灵公，夺了晋国，可将我的官位都与孩儿做了，方是平生愿足。（元纪君祥《赵氏孤儿大报仇》第4折）

（8）今蒙相公恩顾，小官怎敢别言。（孤云）夫人、小姐回后堂中去。人间天上，方便第一。<u>就着</u>这筵席，与状元两口儿，今日完成夫妇团圆。您意下如何？（元无名氏《郑月莲秋夜云窗梦》第4折）

至清，介词"就着"使用频率较低，出现萎缩迹象，如：

（1）这王秀才<u>就着</u>灯影看得分明。只见他令宠把奉承他的一套本事，全使出来奉承那番兵。（清丁耀亢《续金瓶梅》第53回）

（2）钗黛二人尚在梳洗，宝玉站在镜台前，看看这个，又瞧瞧那个，也帮着他们调脂弄粉。等钗黛梳洗完了，<u>就着</u>洗残的水胡乱洗了几把，便算洗过脸了。（清郭则《红楼真梦》第27回）

二、现代汉语中的"就着"

（1）当年僧人们席地而坐，<u>就着</u>一个个方石墩用餐，石墩还留下四个。（余秋雨《千年一叹》）

（2）蓝开放和西门欢，则对面坐在棺材前面的两个小方凳上，<u>就着</u>一个瓦盆，烧化纸钱。（莫言《生死疲劳》）

（3）他们一面把他们的茶杯混在一起，<u>就着</u>一只杯子喝茶，一面谈话。（维克多·雨果《笑面人》）

（4）众目睽睽，都看见穿了一身绯色裙衫，毫无遮拦地骑在胭脂马上，显得有些心跳气促的李师师就着一只水瓶口子忙忙地喝水的情景。（徐兴业《金瓯缺》）

（5）那天路喜纯父亲正就着一头大蒜喝酒，父亲去世后，母亲挑起了生活的重担。（刘心武《钟鼓楼》）

（6）于是自己先研了一阵子墨，然后找了一枝好的羊毫，就着一张朱丝格纸，慢慢地写起字来。（张恨水《北雁南飞》）

（7）左侧那位女子接了信，走两步，就着一支火把引燃。（莫言《食草家族》）

（8）从路边的小吃店买了一个汉堡，匆匆忙忙就着一杯热健怡可乐吞下去。（克莱儿·麦克福尔《摆渡人》）

（9）秦震照例留他吃饭，他也照例坐在小马扎上就着一段木头墩子吃饭。（刘白羽《第二个太阳》）

（10）此时小舅妈已经钻进了被窝，面朝里，就着一盏小台灯看书。（王小波《2015》）

（11）男女牧羊人，就着上好的葡萄，大吃起烧饼来，同时还吹奏风笛取乐。（弗朗索瓦·拉伯雷《巨人传》）

（12）斯塔布摩拳擦掌地在甲板上的绞盘旁坐下来，就着两盏抹香鲸油灯的亮光，狂吃大嚼起来。（赫尔曼·麦尔维尔《白鲸》）

（13）就着事情的全体而论，我并不埋怨您。（托马斯·哈代《还乡》）

（14）她说，跪起身子，伸手来拉我的胳膊，就着从车厢缝隙间射进来的阳光检查。（莎拉·格鲁恩《大象的眼泪》）

（15）你战战兢兢地接过烟袋，就着他用火钳夹过来的炭火抽着烟。（莫言《十三步》）

（16）滑葛先生善于写诗，就着剧中悦耳动听的曲调配上自己的诗歌，把它改成一出歌剧，搬上了英国的舞台。（萨克雷《名利场》）

（17）一进家他就生起旺旺的火，换了衣服，就着加了奶的咖啡，吃上了面包。（戴维·赫伯特·劳伦斯《袋鼠》）

（18）安娜<u>就着</u>冬日午后微弱的光线读她的信，壁炉里些微有点火，可她还是看得到嘴里呼出的热气。（维多利亚·希斯洛普《岛》）

综上，条件介词"就着"产生之初用例较多，到了清代，出现萎缩，用例渐少。其在清代萎缩的原因我们分析可能是同样介引条件的"趁着"和"借着"在此时大量扩展。条件介词"趁着""借着"在清代用例大量增加，挤占了本该用"就着"的语境，使得介词"就着"的使用频率下降。现代汉语中，"就着"的用例开始扩展，搭配对象更广泛，使用频率较之前代明显增长，这表明，"就着"在现代汉语中介词属性更显豁，成为较成熟的条件介词。

第四节　乘着

一、元明清时期的"乘着"

介词"乘着"最早见于元代，用例不多，如：

杏脸桃腮，<u>乘着</u>月色，娇滴滴越显得红白。（元王实甫《西厢记》第1折）

明清以后，使用频率开始扩展，搭配对象也由"月光""酒兴"扩展为"势""机会"等，如：

（1）因日常里走过，看见赛儿生得好，就要<u>乘着</u>这机会来骗他。（明凌蒙初《初刻拍案惊奇》第31卷）

（2）赶上将，任从刀劈；<u>乘着</u>势，剿杀三军。逢刀的，连肩拽背；遭火的，烂额焦头。（明许仲琳《封神演义》第40回）

（3）狄希陈<u>乘着</u>这个机会，在寄姐面前献殷勤，攀说话，穿衣插戴，极其奉承。（清西周生《醒世姻缘传》第87回）

二、现代汉语中的"乘着"

（1）帕洛你现在<u>乘着</u>一时之兴，将来会不会反悔？（莎士比亚《终成眷属》）

（2）<u>乘着</u>一时兴致，他就势脱去罩袍，在箭道上试骑一回。（徐兴业《金瓯缺》）

（3）他不是<u>乘着</u>一时的忠愤，把那两个酗酒贪睡的渎职卫士杀了吗？（莎士比亚《麦克白》）

（4）现在事情已经过去了，总是他年少无知，<u>乘着</u>一时的血气，受不住理智的节制，才会有这样乖张的行动，请陛下不必多计较了吧。（莎士比亚《终成眷属》）

（5）<u>乘着</u>一点酒劲，治功便巧妙地把话题扯到了自己的工作调动上。（路遥《平凡的世界》）

（6）亲兵们不知道从哪里来的神力，<u>乘着</u>一股必胜之气，连续猛击几十下，居然把两扇千疮百孔的城门撞开了。（徐兴业《金瓯缺》）

（7）<u>乘着</u>一阵劲风，不久便驶进毛特烈堡背面的小海湾了。（爱伦·坡《金甲虫》）

（8）他急忙拿起杯子，一仰脖喝干，又急急忙忙把那剩余的下酒物也一扫而光，<u>乘着</u>七分酒兴就势在舱板上一躺，哼着不成腔的花鼓调。（茅盾《锻炼》）

（9）<u>乘着</u>临别的最后一握，塞在老首长的手里，然后跳上了汽车。（李国文《月食》）

（10）<u>乘着</u>主母在别处的时候，还到厨房去偷一两个剥好的核桃吃。（老舍《二马》）

（11）上级传下命令，<u>乘着</u>云稠雨密，敌人的飞机不易活动，主攻部队可以白天演习。（老舍《无名高地有了名》）

（12）<u>乘着</u>交通情况还不太坏，先使女儿离开南京。（林语堂《京华烟云》）

（13）倒也不嫌人家冒失，就<u>乘着</u>人家拉手的时间，一歪身子走过去。（张恨水《春明外史》）

（14）是呀，<u>乘着</u>今天天气好，岳父该出去活动活动。（老舍《荷珠配》）

（15）嘴里"嘻"的响了一声伊太太<u>乘着</u>他学中国人的机会，赶紧说：

"请到客厅坐吧！"（老舍《二马》）

（16）我们乘着他熟睡的时候，已经替他把新衣服穿上去了。（莎士比亚《李尔王》）

（17）乘着他还能蹦蹦跳跳的，乘着这个改朝换代的时机，咱们得众星捧月，把他抬出去！（老舍《四世同堂》）

（18）乘着兴致，他捧着辞典又走了两英里半，一直到索华顿。（蕾秋·乔伊斯《一个人的朝圣》）

（19）有些人会乘着别人懈怠的时候，干出怎样一番事业！（莎士比亚《特洛伊罗斯与克瑞西达》）

（20）现在让我满怀感激的心情，乘着向你们祝贺六一国际儿童节的机会，给你们写一封总的回信。（冰心《冰心全集》第7卷）

综上，条件介词"乘着"在明清时期搭配对象及使用频率出现扩展迹象，在现代汉语中，"乘着"用例继续增长，搭配对象的范围也更广泛，表明"乘着"的介词属性增强，介词用法更成熟。

第五节　冒着

一、元明清时期的"冒着"

条件介词"冒着"形成于宋代，用于引介恶劣气候条件，如"风""霜""雨""雪"等，形成以后使用范围并没有出现大规模扩展，使用频率较低，一直沿用到现代汉语中。用例如下：

（1）你道事有凑巧，物有故然，就那岭上，云生东北，雾长西南，下一阵大雨。果然是银河倒泻，沧海盆倾，好阵大雨！且是没躲处，冒着雨又行了数十步，见一个小小竹门楼，（刘坚、蒋绍愚《近代汉语语法资料汇编（宋代卷）·一窟鬼癞道人除怪》）

（2）见哥哥迎着风冒着雪倒在当街睡，我只怕钟声尽被那巡夜的凌逼。虽然是背巷里悄促促没个行人，只怕雪地里冷冰冰冻坏了你。（元萧德祥《杨氏女杀狗劝夫》第2折）

（3）走了大半日，一无所遇。那天却又与他做对头，偏生的忽地发一阵风雨起来。这件旧葛衣被风吹得飚飚如落叶之声，就长了一身寒粟子，<u>冒着</u>风雨，奔向前面一古寺中躲避。（明冯梦龙《醒世恒言》第30卷）

（4）可怜，下着大雨就交了卷。<u>冒着</u>雨出来，在下处害了三天病。（清吴敬梓《儒林外史》第42回）

二、现代汉语中的"冒着"

（1）见了女人就像蚊子见了血，宁肯<u>冒着</u>一巴掌被打得稀烂的危险也要上去叮一口！（莫言《丰乳肥臀》）

（2）可怜萧皇后<u>冒着</u>万死一生逃到鸳鸯泺，竟不容她分说两句，就丧生在天祚帝的暴怒的皮鞭下了。（徐兴业《金瓯缺》）

（3）傍晚时，<u>冒着</u>三九寒风，骑着车子回到苗圃。（陈忠实《徐家园三老汉》）

（4）警长<u>冒着</u>下个不停的大雪，昂首阔步、神气活现地走向场景中心的那辆拖曳车。（阿瑟·黑利《航空港》）

（5）彭眉胥却把三色旗系在绳上，升上旗杆，<u>冒着</u>不列颠舰队的炮火扬长而过。（维克多·雨果《悲惨世界》）

（6）如果我截至目前为止必须承认我可以了解他们的语言，那么就得<u>冒着</u>不能继续听下去的危险。（乔斯坦·贾德《玛雅》）

（7）这样，它就可以慢慢爬到地表享受"日光浴"，并<u>冒着</u>与同类相冲突的危险开始新的生活。（法布尔《昆虫记》）

（8）不要<u>冒着</u>丧失一切的危险，去换来一个光荣的创疤，我会离此而去的。（莎士比亚《终成眷属》）

（9）一个月前，<u>冒着</u>乱机的轰炸扫射，在他们的南市旧居内抢救出来的一口半旧的充皮箱，已浸了水。（茅盾《锻炼》）

（10）当时正值紧张的旅客从海关<u>冒着</u>入夜的寒风、起着鸡皮疙瘩走向宽敞的机场的时间。（大江健三郎《日常生活的冒险》）

（11）他<u>冒着</u>军队里的大不韪，竟然干出别人决不会干的事情。（徐兴业《金瓯缺》）

（12）老几<u>冒着</u>冲锋枪子弹紧跟在谭中队长身后。（严歌苓《陆犯焉识》）

（13）男房东带着将军走到花园，<u>冒着</u>几乎看不见的毛毛细雨走到了马厩。（加西亚·马尔克斯《迷宫中的将军》）

（14）所以当他看到费尽千辛万苦、<u>冒着</u>千难万险生出来的竟然又是个女婴时，他就捶打着脑袋痛哭。（莫言《蛙》）

（15）随即传来的是急驰的马蹄声，骑士们<u>冒着</u>半兽人的箭矢缩小包围圈，避免有人趁机突围，另一队骑士则出面对付这些攻击者。（托尔金《魔戒全集》）

（16）它意味着超然于这个世界的人或没有生命的物体，（用希伯莱语说）是"神圣"的东西，人们绝不能<u>冒着</u>即刻死去的痛苦或永恒磨难的代价谈论或涉及。（亨德里克·威廉·房龙《宽容》）

（17）挺胸振臂喊着口号蛇形前进的队伍，在灯光旗影之中，勇敢坚强地<u>冒着</u>反动统治者卡车和铁棒的血腥镇压，怒潮般地行进！（冰心《冰心全集》第5卷）

（18）半周之后，<u>冒着</u>困难顺着通向河下游村落的采樵人踩出的小路下山，这些，就当地人来说并不是办不到的。（大江健三郎《同时代的游戏》）

（19）他也忍心让这位无双的美人<u>冒着</u>大海的风波，来问候一个她所不值得这样奔波着来问候的人吗？（莎士比亚《冬天的故事》）

（20）他们是多么天真，以为自己拍照是<u>冒着</u>性命为祖国而战，事实上这些照片却帮了警察局的忙。（米兰·昆德拉《不能承受的生命之轻》）

综上，条件介词"冒着"其后的宾语多为表示恶劣自然条件的名词或短语，在现代汉语中，"冒着"的搭配对象出现扩展，不限于自然现象类词语，其后出现了"性命危险""子弹""大不韪""炮火"等词语。综观"冒着"后的宾语可见，"冒着"的宾语语义上大都含有［+风险］的语义特征，无论是"大风""大雪"还是"子弹""炮火"等，都具有明显的［+风险］义，而"冒着"表示克服或无惧自然的恶劣条件或人为的风险去完成某事。如果说"趁着""借着""就着""乘着"等条件介词都表示依靠或凭借某种条件完成某事，那么"冒着"则表示克服或抵御某种条件去完成某事，对于"冒着"来说，其所介引的条件不是做成某事的前提或因由，而是做成某事必须克服的不利因素。因此，"趁着""借着""就着""乘着"其后介引的是"有利"条件，而"冒着"其后介引的是"不利"条件，从介引条件对完成事件是否有利这个角度上，"冒着"与其他条件介词形成用法上的互补。

第七章　凭借介词的产生及发展过程

第一节　靠着

一、元明清时期的"靠着"

凭借介词"靠着"出现于元代，在元杂剧中有少量用例，如：

（1）（杨孝先云）哥哥，你兄弟依旧打柴哩。（正末唱）还<u>靠着</u>打柴薪为过遣，怎这般时命蹇？（元无名氏《朱太守风雪渔樵记》第4折）

（2）（邹衍云）我想古人都是<u>靠着</u>文章出身的，怎见得就误了人来？（元高文秀《须贾大夫谇范叔》第1折）

明代，介词"靠着"用例渐多，如：

（1）小子是这会稽人氏，姓金，名婴，娶了钟氏为妻。小子半世落魄，<u>靠着</u>打鱼为生。（明湛然禅师《鱼儿佛》第1出）

（2）尼姑道："妈妈说那里话？姑娘是何等之人，小尼敢怠慢他！小庵虽则贫寒，<u>靠着</u>施主们看觑，身衣口食，不致淡泊，妈妈不必挂心。"（明凌蒙初《初刻拍案惊奇》第34卷）

（3）却又怨父母，嫁错了对头，赚了终身。心下正是十分烦恼，恰好触在气头上，乃道："老大一个汉子，没处寻饭吃，<u>靠着</u>女人过日。如今连衣服都要在老娘身上出豁，说出来可不羞么？"（明冯梦龙《醒世恒言》第30卷）

清代，介词"靠着"的搭配对象更广泛，如：

（1）凤姐笑道："烦是没的话。倒是宝兄弟屋里虽然人多，也就<u>靠着</u>你一个照看他，也实在的离不开。"（清曹雪芹、高鹗《红楼梦》第67回）

（2）饿虎思斗、夜郎自大，我国若不大张挞伐，一奋神威，<u>靠着</u>各国的空文劝阻，他哪里肯甘心就范呢！（清曾朴《孽海花》第24回）

（3）亏得他足智多谋，见景生情，便想出一个法子来，去和弟妇商量说：此刻兄弟已经死了，又没留下一男半女，弟妇将来的事，我做大伯子的自然不能置身事外。但是我只<u>靠着</u>教几个小学生度日，如何来得及呢。（清吴趼人《二十年目睹之怪现状》第97回）

二、现代汉语中的"靠着"

（1）<u>靠着</u>一两条戏界新闻，哪里捧的起来？（张恨水《春明外史》）

（2）我<u>靠着</u>一个学生在那里做编辑的大情面，一千字也就是这几个钱，即使一早做到夜，能够养活你们么？（鲁迅《端午节》）

（3）你们都是送往迎来的人，<u>靠着</u>一个真命君王的没落捷足高升。（莎士比亚《理查二世》）

（4）她流亡国外回来时几乎完全破产，<u>靠着</u>一个诉讼代理人德·但尔维尔的忠诚帮助，重又积聚了相当可观的财产。（巴尔扎克《交际花盛衰记》）

（5）唯一的希望就是：<u>靠着</u>一些幸运的机会，他们或许会偶然发现他的踪迹。（芭芭拉·卡德兰《神秘的女仆》）

（6）这天，我们选定的餐馆就极其偏僻，我们第一次的登门拜访就是<u>靠着</u>一份地图摸索而去的。（彼得·梅尔《普罗旺斯的一年》）

（7）<u>靠着</u>一位忠心的朋友帮助，她有一天让大臣在议会里被激烈的辩论绊住身子。（巴尔扎克《幻灭》）

（8）我便带着儿子到重庆来，想找些职业，四个月前<u>靠着</u>一位荐头的介绍，把儿子寄放在歌乐山的保育院，自己呢在江北的纱厂里做女。（郭沫若《金刚坡下》）

（9）固然，现在<u>靠着</u>一年区区三百万无法过上奢侈的日子。（村上春树《1Q84》）

（10）它尾巴长长，门齿发达，<u>靠着</u>身体的灵巧和娇小而能令人浑然不觉地登堂入室，<u>靠着</u>一张锐利无比的嘴而吃遍四方。（迟子建《鼠儿戏

"猫"》）

（11）要么就是些上了年纪、一事无成的单身汉，靠着一点微薄的收入过活，搞些让人瞧不上眼的所谓艺术，像木刻或者瓷绘什么的。（乔治·奥威尔《缅甸岁月》）

（12）只有我没这个耐心，中学读了一半就出来做事，全靠着一点聪明，东闯西闯。（张爱玲《创世纪》）

（13）但藏民靠着什么坚忍地活下来的呢，靠着一种精神，靠着信仰与心灵。（冯骥才《大地震给我留下什么》）

（14）他的父亲因为年老已经告退，靠着一笔丰厚的资产过活，这笔财产将来有一天是要传到蒂布修斯牧师手中的。（托马斯·曼《布登勃洛克的一家》）

（15）靠着一门祖传的手艺，母子俩基本做到了衣食无忧，不过也仅此而已。（麦家《暗算》）

（16）刑事警察志村靠着两年前来过一次的模糊记忆，踏着没脚背的积雪，寻找贫民窟的阿春的娘家。（川端康成《竞开的花》）

（17）他自己用了住宅的底层，满想靠着两所大屋子的租金，按期把屋价付清。（巴尔扎克《贝姨》）

（18）有朝一日，说不定时来运转，或是靠着人们的进取精神，东城新区翻新重建的浪潮也会波及这一地区。（阿瑟·黑利《钱商》）

（19）诸侯领地上的官僚靠着从老实本分的农民身上搜刮来的钱财，满足诸侯殿下的欲望。（艾瑞克·霍布斯鲍姆《革命的年代》）

（20）他自以为靠着他的门第与社会上的关系，处于绝对安全的地位，至于他的犹太同志们吃些亏也没有什么害处。（罗曼·罗兰《约翰·克利斯朵夫》）

综上，凭借介词"靠着"在产生之初用例较少，清代以后直至现代，"靠着"后的宾语出现大规模的扩展，"靠着"的使用频率明显提高，能倚靠和凭借的不仅可以是有形的实体"租金""钱财""手艺"等，还可以是抽象的对象"聪明""记忆""精神""关系"等。这表明"靠着"在现代汉语中介词属性更显豁，其介词用法更成熟，已经发展成为典型的凭借介词。

第二节　仗着

一、元明清时期的"仗着"

凭借介词"仗着"形成于元代，用例不多。如：

乐官行径咱参破，全仗着声名过活。且图时下养皮囊，隐居在安乐之窝。（《全元散曲·睢玄明》）

明代，介词"仗着"用例明显增多。如：

（1）那老魔不曾与我会面，就知我老孙的名头，我且倚着我的这个名头，仗着威风，说些大话，吓他一吓看。（明吴承恩《西游记》第74回）

（2）原来商小姐无出，有媵婢生得两个儿子，绝是幼小，全仗着商功父提拔行动。（明凌濛初《二刻拍案惊奇》第20卷）

清代，介词"仗着"的使用频率继续增长，搭配对象也更广泛。如：

（1）船上买办又仗着洋人势力，硬来翻箱倒箧的搜了一遍，此时还不知有失落东西没有。（清吴趼人《二十年目睹之怪现状》第4回）

（2）后来却被我考了出来，明明是假的，他仗着这个法子去拐骗金银，又乐得人人甘心被他拐骗，这才是神乎其技呢！（清吴趼人《二十年目睹之怪现状》第31回）

（3）谁知这尤三姐天生脾气不堪，仗着自己风流标致，偏要打扮的出色，另式作出许多万人不及的淫情浪态来，哄的男子们垂涎落魄，欲近不能，欲远不舍，迷离颠倒，他以为乐。（清曹雪芹、高鄂《红楼梦》第65回）

（4）近来仗着祖母溺爱，父母亦不能十分严紧拘管，更觉放荡弛纵，任性恣情，最不喜务正。（清曹雪芹、高鄂《红楼梦》第19回）

二、现代汉语中的"仗着"

（1）我原本还想找个恰当的机会，下车去，仗着一个村的熟关系，劝说他们离去。（莫言《生死疲劳》）

（2）爱弥耳在三岁时就明白拿破仑的得志只是仗着一些机会。（老舍《集外》）

（3）各个新兴的民族国家，仗着一线希望，纷纷宣告成立。（艾瑞克·霍布斯鲍姆《极端的年代：1914—1991》）

（4）孙渥仗着一点子酒疯，装痴作醉，有时倒敢在童贯面前说几句真话。（徐兴业《金瓯缺》）

（5）一个仗着世袭的高贵爵位，一个凭着财大气粗，正为她争风吃醋，互相诋毁呢。（哥尔多尼《女店主》）

（6）那两个奴才仗着主人的势力，恶狠狠地高声对我父亲说："汪老二！我们的主人说了，今天下午你应把课租担送过去，一粒也不许缺少，否则打断你的狗腿！"（蒋光慈《少年漂泊者》）

（7）但是弗拉索瓦·桑西仗着亲王对他的无比信任，让人把他赶走了。（司汤达《桑西一家》）

（8）他仗着从前的一些老关系，目前走红的人受过他的好处，新近又遭了难，总算得到内阁总理的关切。（巴尔扎克《幻灭》）

（9）只有葛涅乌斯·庞培和玛尔古斯·克拉苏，仗着他们极大的威望和权力，用种种手段倡导和平与安宁。（拉法埃洛·乔万尼奥里《斯巴达克斯》）

（10）平日仗着他哥的势力，常和村里人为点小事吵闹。（周大新《湖光山色》）

（11）后来仗着几个朋友的帮助，这才得进平和的英租界，难民虽然满路，居人却很安闲。（萧红《生死场》）

（12）陈姨太平日总是仗着别人的威势，现在看见克明一走，便好像失掉靠山似的，连一句话也不说了。（巴金《家》）

（13）那些太太、奶奶们，仗着名分正、门楣高，十之八九都爱摆臭架

子，同自己未必合得来。（刘斯奋《白门柳》）

（14）现在的德·埃斯巴太太是布拉蒙·经弗里家的小姐，她仗着她的才干和亲戚关系，在巴黎极有势力。（巴尔扎克《幻灭》）

（15）利蓓加仗着女人特有的本能，断定上次坏她好事、破她婚姻的没有别人，一定是乔治，所以一向看重他，听了这话，对于他的交情更深了一层。（萨克雷《名利场》）

（16）最后，眼见一辆马车驶到寺院前，她壮起胆子走下楼，仗着客人的遮护去见将军。（简·奥斯汀《诺桑觉寺》）

（17）王脚仗着家庭出身好，既反动又嚣张。（莫言《蛙》）

（18）他仗着年轻气盛，居然没吭一声。（冯骥才《神鞭》）

（19）王琦瑶显见得比她懂打扮，也是仗着年轻有自信，样样方面都是往里收，留有余地，不像严家师母是向外扩张，非做到十二分不可。（王安忆《长恨歌》）

（20）从一个地产丰足之家，仗着我的人品，既非卑鄙的俗夫，又不曾逃离战场。（荷马《奥德赛》）

综上，凭借介词"仗着"清代以后宾语出现扩展迹象，使用频率也逐渐增多，在现代汉语中，"凭着"的搭配范围更加广泛，宾语可以是名词性短语，也可以是谓词性短语；语义上，不仅可以是表示具体概念的词语，还可以是表示抽象概念的词语。这表明"仗着"在现代汉语中，介词属性更加显豁，介词用法也更加成熟。

第三节　任着

凭借介词"任着"在现代汉语中才见使用。如：

（1）开了学，可就比不得平常了，不能任着性子爱去哪儿就去哪儿。（白先勇《玉卿嫂》）

（2）我早听说过，人们一遇见他常常把他身上的东西疯抢了。他倒也大方，大大咧咧地任着人们去夺、去抢、去剥。（冯苓植《雪驹》）

（3）小头目竟哼了一声，"那也不能只任着你家老爷子独吞！老奸巨

猖，支开了西府他单独去向日本人讨功邀赏！"（冯苓植《雪驹》）

（4）李尧把沈振新的皮大衣的獭皮领拉起，沈振新又立刻把它放倒下来，使他的脖子<u>任着</u>寒风吹拂，这样，他觉得舒服一些。（吴强《红日》）

（5）她不要隐瞒，她<u>任着</u>事情发展到尽可能的恶劣的程度。（叶灵凤《永久的女性》）

（6）你这一番话只不过说明了彬格莱先生并没有<u>任着</u>他自己的性子说做就做。（简·奥斯汀《傲慢与偏见》）

（7）可是我还不能就这么轻易给他什么，我自幼便精明，不能随便<u>任着</u>冲动行事。（老舍《樱海集》）

（8）他的心境自由得多了，也宽舒得多了，<u>任着</u>夜风吹着他的衣襟和裤脚。（萧红《后花园》）

（9）这些花从来不浇水，<u>任着</u>风吹，<u>任着</u>太阳晒，可是却越开越红，越开越旺盛，把园子煊耀得闪眼，把六月夸奖得和水滚着那么热。（萧红《后花园》）

（10）只是<u>任着</u>思潮奔放，随着思潮说话。（冰心《冰心全集》第1卷）

（11）他们简直成了一群没法控制的撒野的家伙；不去遵照规矩行事，而是<u>任着</u>性子胡作非为。（卡夫卡《城堡》）

（12）她没有哭，而只<u>任着</u>热泪往外流。（老舍《火葬》）

（13）它不许谁在里边多穿一点衣服，只好<u>任着</u>狂风由胸口钻进来，由脊背钻出去，整打个穿堂！（老舍《我这一辈子》）

（14）开了学，可就比不得平常了，不能<u>任着</u>性子爱去哪儿就去哪儿。（白先勇《玉卿嫂》）

（15）他对小丁说："我看你们该采取点措施，不要老<u>任着</u>那个失了业积习成癖的专爱臆想的家伙乱跑乱窜，该送精神病院就送。"（《王朔文集》）

（16）他们谁也没去劝谁，而<u>任着</u>泪去流净心中的委屈。（老舍《火葬》）

（17）我们能<u>任着</u>他这样放肆吗？去揪他下来！（莎士比亚《亨利六

世》）

（18）我可以<u>任着</u>本国的人去发号施令，而不能看着别国的人来做我的管理人！（老舍《四世同堂》）

综上，凭借介词"任着"出现时间较晚，直至现代汉语才见用例，产生之后，其宾语可以是表示具体概念的"寒风""眼泪"，也可以是表示抽象概念的"性子""冲动"等。"任着"与其他凭借介词相比，多表示凭借其后的宾语去完成本不该完成的事，如上文例（11），言者认为"他们"本不该"胡作非为"，可是事实上，"他们"却凭借着"性子"，在"胡作非为"，因此"任着"宾语后的动词多为具有负面意义的词语。由此可见，"任着"与同样介引凭借的"靠着""仗着"在用法上形成互补分布。

第八章　原因介词的产生及发展过程

第一节　为着

一、元明清时期的"为着"

介引原因的介词"为着"形成于元代。如：

（1）嗟呀，心忧貌苦，真情怎假？你为着公婆珠泪堕，姑姑，我公婆自有，不能勾承奉杯茶。（元高明《蔡伯喈琵琶记》第34出）

（2）有一个渔翁，只为着一时意气，自刎了六阳的那首级。（元李寿卿《说诸伍员吹箫》第3折）

（3）出的这门来，引孙也，我那伯伯为着我父亲面上肯看觑我，我那伯娘眼里见不的我，见了我不是打便是骂，则向他女婿张郎。（元武汉臣《散家财天赐老生儿》楔子）

明清以后，用例渐广，搭配对象更灵活。如：

（1）严蕊见此人满面戚容，问知为着丧偶之故，晓得是个有情之人，关在心里。（凌濛初《二刻拍案惊奇》第12卷）

（2）奶奶，外面有三四个远方来的和尚，生得形容古怪，为着天晚要来借宿，他听见奶奶悲哭，他说有甚苦事告诉他，他有本事救得。（明无名氏《后西游记》第31回）

（3）正是：庭前方竞笙歌奏，座后何来叫骂声？不知叫骂的是谁，又是为着甚事叫骂，且待下回再记。（清吴趼人《二十年目睹之怪现状》第43回）

（4）且说贾政这日正与詹光下大棋，通局的输赢也差不多，单为着一

只角儿死活未分，在那里打劫。（清曹雪芹、高鹗《红楼梦》第92回）

二、现代汉语中的"为着"

（1）我像乞丐一样破晓就来寻找，只<u>为着</u>一两片散落的花瓣。（泰戈尔《泰戈尔诗选》）

（2）史科莲道："嗐！不要提，<u>为着</u>一个同学的事，忙了四五六天，还是没有头绪。"（张恨水《春明外史》）

（3）我不能<u>为着</u>一个风尘女子而丢开父亲不顾，这是无疑的。（刘斯奋《白门柳》）

（4）全家兄弟姐妹中，我是最反对卖屋的一个，<u>为着</u>一种说不清的理由。（余秋雨《老屋窗口》）

（5）而且赛特笠小姐很怕校长，不敢在她面前<u>为着</u>个人的烦恼流眼泪。（萨克雷《名利场》）

（6）看见吕西安肯<u>为着</u>他们牺牲浮华的享受，大卫私下想："好，他是不怕人家引诱的！"（巴尔扎克《幻灭》）

（7）你妹夫<u>为着</u>他的新家庭才想挣一份家业，他的财源差不多被你破坏了。（巴尔扎克《幻灭》）

（8）记住吧，<u>为着</u>你的出言不逊，今夜要叫你抽筋，叫你的腰像有针在刺，使你喘得透不过气来。（莎士比亚《暴风雨》）

（9）一连几天，<u>为着</u>些鸡毛蒜皮的事，跑得我脚丫子疼。（张言军《孔雀姑娘》）

（10）关造武正<u>为着</u>牲口的事情伤着脑筋，生了半天闷气，听说何春苓来求伐米，稍微咧咧嘴唇。（马加《红色的果实》）

（11）李冷竟默然跟着那青年进去了，他自己也不知道是<u>为着</u>好奇呢，还是<u>为着</u>对那青年表同情的缘故。（巴金《灭亡》）

（12）他看见校长正在帆布椅上打瞌睡，不好惊动他的清睡，本想退出房去，等一会儿再进去，但是今早是<u>为着</u>要紧的公事来的，这事办妥，还要回去收月捐，事务正多着哩。（林参天《浓烟》）

（13）不过我要问你，你是会得教书的，也会得做新闻记者，并不是没

有办法的；究竟<u>为着</u>什么，要这样专做骗子的呢？（钦文《骗子》）

（14）青年人尤好辩论，每每<u>为着</u>一件小事争论个大半天，让口沫给挂在嘴角。（斐儿《马来人》）

（15）他<u>为着</u>失去雇员对他的赞美而感到伤心，这种感觉的追索使一个当主管的人变成情感的奴隶。（辛克莱·刘易斯《巴比特》）

（16）张义民现在每次来都被她的父母捧为上宾，那完全是<u>为着</u>她的缘故。（孙力、余小惠《都市风流》）

（17）我觉得他为着我而痛苦万分，愁眉苦脸，我看见他的眼光无精打采，嘴唇苍白而且被热病烧焦了。（大仲马《蒙梭罗夫人》）

综上，原因介词"为着"在明清之后出现了扩展迹象，在现代汉语中，搭配对象更加广泛，介词属性也更加显豁，已成为比较成熟的原因介词。"为着"还可以用作目的介词，其表示原因的用法与表示目的的用法可以通过语境加以区别。

第九章　目的介词的产生及发展过程

第一节　为着

一、元明清时期的"为着"

目的介词"为着"形成于明代。如：

（1）连儿子媳妇**为着**老人家面上，大家替他隐瞒。（明凌濛初《二刻拍案惊奇》第10卷）

（2）这正是雁飞不到处，人被利名牵。**为着**这利名场，奔忙到始终。我如今老来也方才自懂。（明王九思《曲江春》）

清代，介词"为着"的使用更加普遍。如：

（1）我就对那朋友说："叫我无论怎么寒蠢，怎么受罪，我**为着**三爷都没有什么不肯，只是关着三爷面子，恐怕有些不妥，不必着急，等过一天三爷来，我们再商议罢。"（清刘鹗《老残游记续》第4回）

（2）那姑子道："妙师父的为人怪僻，只怕是假惺惺罢。在姑娘面前我们也不好说的。那里像我们这些粗夯人，只知道讽经念佛，给人家忏悔，也**为着**自己修个善果。"（清曹雪芹、高鹗《红楼梦》第115回）

二、现代汉语中的"为着"

（1）写出更多更好的散文，为着激励九亿人民欣欣鼓舞地前进；为着我们新生活的开始；**为着**"四个现代化"的未来。（冰心《冰心全集》第7卷）

（2）我以为我正在**为着**一个崇高的理想而投入了光荣的圣战。（莫应

丰《将军吟》）

（3）他们所了解的爱也只是把两颗心合成一颗，<u>为着</u>一个理想的大目标尽力。（巴金《秋》）

（4）人们盼望，人们斗争，人们<u>为着</u>一个目标，付出了多大的牺牲！（莫应丰《将军吟》）

（5）我再重复告诉你们，<u>为着</u>一种信念去忍受苦难，要比为了一种信念去杀人要好上一百倍。（斯蒂芬·茨威格《人类命运攸关的时刻》）

（6）<u>为着</u>不愿意使这泪落下，淑贞就仍旧勉强微笑的抬着头看着。（冰心《冰心全集》第3卷）

（7）在延安时代，同志之间、领导与群众之间、上下级之间，只有分工的不同，没有高低贵贱的差别，相互之间都是<u>为着</u>一个共同的革命目标走到一起来的同志。（马文瑞《永远保持延安作风》）

（8）他相信所谓父与子间的斗争快要结束了，那些<u>为着</u>争自由、爱情与知识的权利的斗争也不会再有悲惨的终局了。（巴金《家》）

（9）我连忙奉劝皮埃尔，<u>为着</u>他的安全着想，还是先回家避一避风头的比较好。（彼得·梅尔《普罗旺斯的一年》）

（10）我是不会要用你钱的，你放心好了。我乃<u>为着</u>你将来着想。（苏青《歧途佳人》）

（11）不过为着使这位朋友安心起见，我又把《雾》删改一次，把我从这位朋友那里借来的事实都奉还了他，并且在原稿的前面还加上一个短短的声明，这就是初版本《雾》的序。（巴金《爱情的三部曲》）

（12）<u>为着</u>便于了解下面即将发生的事，我们应当记得，在当年，巴士底的警卫队是驻扎在广场的另一头的，大象附近发生的事不会被哨兵望见或听到。（维克多·雨果《悲惨世界》）

（13）<u>为着</u>要争取大众解放，它必须要争取中华民族的解放。（陶行知《陶行知教育论文选集》）

（14）本来为着乘风凉，他们可以到客栈和饭店附近的一块草地上去坐，如果不是骤然的下起雨来。（何加槐《兵车》）

（15）他们不明白我怎么就会吹箫，不明白拾破烂的倒有心情吹箫，

因为我吹箫并不是<u>为着</u>吸引人同情了而丢下几个钱币，完全是自娱自乐么。（贾平凹《高兴》）

（16）过去是近，用不着，现在远了，他又不想用，就是<u>为着</u>和义兰上下班同步。（孙力、余小惠《都市风流》）

（17）<u>为着</u>女儿的幸福，伯爵不厌其烦地拉来一个个求婚者。（巴尔扎克《苏镇舞会》）

（18）稍有常识的人一看就会明白，无非是<u>为着</u>实现某种目的罢了。（夏目漱石《三四郎》）

（19）唐小姐感觉方鸿渐说这些话，都<u>为着</u>引起自己对他的注意，心中暗笑，说："我不知道方先生是侮辱政治还是侮辱女人，至少都不是好话。"（钱钟书《围城》）

（20）我不上大学了，<u>为着</u>我们一家能过好一点的日子，我决定去开出租汽车了……（冰心《冰心全集》第8卷）

综上，目的介词"为着"在清代开始出现扩展迹象，在现代汉语中，"为着"的搭配对象更加广泛，其后可以是词，也可以是名词性短语或谓词性短语，其介词属性更加显豁，介词用法更加成熟，已成为典型的目的介词。目的介词"为着"与目的介词"为了"可以互换使用，没有区别。

第二节　尽着

一、元明清时期的"尽着"

介词"尽着"表示"让某些人或事物尽先"义，最早出现在元代。如：

（正末云）小二哥，打二百文长钱的酒来。（店小二云）酒在此。你有量<u>尽着</u>你吃，只不要撒酒风。（元无名氏《朱砂担滴水浮沤记》第1折）

清代以后，用例渐广，但搭配对象仅限于指人的代词。如：

（1）不要说现在的富贵<u>尽着</u>咱们快活，你袅就往村庄里去，再则往深山远水的地方去，同你挑个菜儿、打个鱼儿过，也百分的快活。（清无名氏《后红楼梦》第23回）

（2）夏逢若心下又赠记小豆腐送的银子，说道："也罢么，我就回去，<u>尽着</u>我跟他缠。他再说打的话，我就要见他的将主哩。"（清李绿园《歧路灯》第59回）

（3）召见这许多妖姬美妾，<u>尽着</u>自己受用；二则国丈的长女，被你断送番邦，难道又把第二个爱女送与君主，恐未必情愿了！（清雪樵主人《双凤奇缘》第65回）

二、现代汉语中的"尽着"

现代汉语中，介词"尽着"进一步扩展，使用频率增加，搭配对象更广泛，由指人的名词或代词扩展为"劲儿、力量、性子、心力"等抽象名词或"嗓子"等具体名词。如：

（1）元辉五岁那年，我又生了一个女儿，以前家里好吃的都<u>尽着</u>元辉一个人吃，现在又多了一个妹妹，吃惯了独食的元辉自然不习惯。（1994年报刊精选）

（2）一天到晚坐在屋角的书桌前温书——那书桌别人都自觉地不用，<u>尽着</u>她独享——我去他们家时，她往往头也不抬地继续背书、做题。（《刘心武选集》）

（3）现在回想起来，他们两口对我十分疼爱，把我当亲儿子待，好东西先<u>尽着</u>我吃。（尤凤伟《石门夜记》）

（4）以后咱们就成亲戚了，不管生活上有什么困难，一定要用功学习，我们全家<u>尽着</u>劲儿供你。（新华社2001年6月份新闻报道）

（5）"<u>尽着</u>力量拿吧，自己留多少也是个吃。"春玲笑道。（冯德英《迎春花》）

（6）父亲担心将小弟长时间寄养在亲戚家里，<u>尽着</u>性子宠着、惯着，到时候谋生的本领没有，反倒学个馋嘴懒身子。（陆步轩《屠夫看世界》）

（7）工匠们<u>尽着</u>自己最大的心力和技能雕饰图案，一边是白色的鹤，另一边是白色的鹿。（陈忠实《白鹿原》）

（8）负责维持会场秩序的民兵们，<u>尽着</u>嗓子叫喊："不要挤！男人在东半边！女人在西半边！"（马峰《吕梁英雄传》）

（9）霓喜用小锥子在一听凤尾鱼的罐头上锥眼儿，<u>尽着</u>他们在旁观看，她喜欢这种衣锦还乡的感觉。（张爱玲《连环套》）

（10）想了半天，决定了，便<u>尽着</u>一张八行，写了一封信。（张恨水《春明外史》）

（11）金铨一撒手道："难道<u>尽着</u>他们闹，就罢了不成？"（张恨水《金粉世家》）

（12）我是个没有能力的女人，<u>尽着</u>你压迫，可是我有我的儿女保护我！（张爱玲《花凋》）

（13）李三章喝得满脸流汗，他说："我一碗够了，先<u>尽着</u>你喝，你若实在喝不动，我再帮你。"（迟子建《青春如歌的正午》）

（14）因为四方的茶商将都市的财物运往山中换茶，因此那山中的村妇牧童，<u>尽着</u>华丽的服装，官吏见了不惊，路人见了不问。（王旭烽《茶人三部曲》）

（15）也许她不愿意让人家<u>尽着</u>取笑他们，不爱听人家说他们要好。（张爱玲《秧歌》）

（16）他<u>尽着</u>喝不加牛奶的浓咖啡，喝得胃里直泛酸。（伯纳德·马拉默德《伙计》）

（17）青蛙在附近池沼里<u>尽着</u>嗓子叫，而且石楠草的气味熏得人头痛。（帕乌斯托夫斯基《金蔷薇》）

（18）从此，什么可口的都<u>尽着</u>她吃，在炕上，我挨着她睡。（萧乾《在十字架的阴影下》）

（19）困难时期的"酸三色"高级糖，五块钱一斤，韩太太买了一百斤，<u>尽着</u>客人连吃带揣在兜儿里，毫不吝惜。（霍达《穆斯林的葬礼》）

（20）看来她是极其含蓄地在<u>尽着</u>惟一一个与博士分享记忆的人所应尽的职责。（小川洋子《博士的爱情算式》）

（21）他们使出全身气力，<u>尽着</u>胸口所能发出的气力，大砍特砍了。（亨利克·显克维支《十字军骑士》）

（22）后来习惯了，干脆也不刮了，任它<u>尽着</u>性子长。（陈四长、潘志新《民国奇才于右任》）

（23）安德烈公爵<u>尽着</u>自己的全部力量想清醒过来；他翻动身子，但突然两耳轰鸣，两眼昏花，像一个落水之人，失去了知觉。（列夫·托尔斯泰《战争与和平》）

综上，目的介词"尽着"从清代开始出现扩展迹象，在现代汉语中，其搭配的宾语范围逐渐扩大，使用频率也逐渐增多，介词属性更显豁，介词用法更成熟。介词"尽着"的语义比较特殊，一方面，它与"任着"的用法比较接近，表示"让某些人或事物尽先"，有"尽可能使出全部力量"的意思，而其后动词无负面语义色彩，这一点上与"任着"的用法又不同；因其语义中含有"尽可能、尽先"义，使其又具有一定的目的性，所以将其归入目的介词。

第十章　比较介词的产生及发展过程

第一节　比着

一、元明清时期的"比着"

比较介词"比着"最早见于宋代，表示"与……相比"之义，相当于介词"比"，如：

（1）覆相公：这一带都无旅店，又无寺观。此庙虽无敕额，且是威灵。比着官房，到有些广阔。（刘坚、蒋绍愚《近代汉语语法资料汇编（宋代卷）·张协状元》）

（2）濮上看垂钓。更风流、羊裘泽畔，精神孤矫。楚汉黄金公卿印，比着渔竿谁小。（宋辛弃疾《贺新郎·梁》）

（3）你教我可怜见，你待敢是无奈之何。你比着东晋谢安才艺浅，比着江州司马泪痕多，也只为婚姻事成抛躲。（元无名氏《风雨像生货郎旦》第1折）

（4）（张道南云）那玉兰比着他家碧桃姐姐，还生得好么？（元无名氏《萨真人夜断碧桃花》第2折）

（5）先生恁的把俺相厄呵！昔日有个隋侯救蛇，后来衔珠为报。蛇尚如此，俺狼比着蛇更有灵性哩！（明康海《中山狼》）

介词"比着"产生后，并没有大规模地扩展，在现代汉语中表示之义时，更倾向于用介词"比"。

二、现代汉语中的"比着"

（1）说完，我挟上我那一半料子，找着裁缝，<u>比着</u>上海带回来的样子，精工细做了一套西服。（毕淑敏《送你一条红地毯》）

（2）我一想，你跟大乱个子差不多，就<u>比</u>着他的脚给你做了一双鞋。（魏巍《东方》）

（3）一见道之，<u>比着</u>两只西装袖子，就和道之作了几个揖。（张恨水《金粉世家》）

（4）说着，把那张牌拿了起来，就向手上的三张牌里面一插，随后把牌抽动了几回，理成一叠，把那四张牌，用手捧起来，<u>比着</u>和鼻子尖一般齐。（张恨水《春明外史》）

（5）<u>比着</u>尺寸做好了，却没有给小军军穿上，而是用张纸包了，叫小军军拿回家去给娘看。（古华《芙蓉镇》）

（6）你一去就知道了，她多惦记你啊！<u>比着</u>我的身子给你做了好些衣服。（林海音《城南旧事》）

（7）而且这些半吊子的艺术家非常可爱，博得人人喜欢，个个恭维，<u>比着</u>有个性、有蛮劲、反抗社会成法的真正的艺术家，反而显得高明。（巴尔扎克《贝姨》）

（8）在那三天里，独腿的瘸子，要和两条腿的小伙<u>比</u>着看谁跑得快。（阎连科《受活》）

（9）她又用手<u>比着</u>袜底的尺寸说着："要说这一双，俺天亮穿上也可以……"（李準《黄河东流去》）

（10）你们都不曾长眼看看二爷的新夫人是个啥样女子么？就<u>比着</u>那模样长相的给我找！（1997年作家文摘）

（11）悄手悄脚把一件制服拿到睡熟的妹妹身前，<u>比着</u>身体估量大小，他们总是买大很多的，一穿可以几年不必买。（朱天文《最好的时光》）

（12）龙人转身和他同伴说话，拇指<u>比着</u>笼子的方向，两人都发出那种咕噜的笑声。（玛格丽特·魏丝、崔西·西克曼《龙枪编年史》）

（13）她是监制部的总管，每件衣裳由图案部发出，全由她找人<u>比着</u>裁

剪，做好后再找人试服。（林徽因《模影零篇》）

　　综上，比较介词"比着"在现代汉语中才出现扩展迹象，而在表示"与相比"义时，"比着"的使用频率不及"比"，这表明，直到现代，"比着"也并未成为表示比较的典型介词。以上用例中，"比着"更倾向于表示"参照""与……对照"的意思，除了自身含有的"对比、比较"义以外，"比着"还含有"参考、依据"的意思，这也使得"比着"的用法不同于"比"，从而形成了独特的演变轨迹。

第十一章 "X着"类介词中"着"的性质

对于"X着"类介词中"着"的性质，学界的认识不尽相同，主要观点有以下几种。

（1）把"着"看作词尾、词缀或构词语素。黎锦熙、刘世儒认为，介词部分能加"着""了"等尾，但是不表时态。[①]赵元任把"X着"中的"着"看作是介词"X"的后缀。他认为，少数介词可以带进行态的"着"。用不用动态的后缀是一个程度问题，一般不带动词后缀的介词在一定场合下也可以带上这种后缀。[②]张谊生认为，介词后不能带体标记，双音节介词中的"着""了"已经成了一个构词语素。[③]陈昌来也指出，"X着"类介词的"着"不是体标记，"X着"类双音节介词是单音节介词后附虚化语素构成的。[④]

（2）把"着"看作体标记。石毓智认为，介词后的"着""了"是体标记。介词中的"着""了"与动词后附的"着""了"是完全一致的，具有指示相对时间位置的功能，受时间一维性的制约。[⑤]

（3）"着"既具有体标记的特征又具有构词成分的特征。赵淑华认为，介词的动态变化不完全。介词大部分是由动词转变成的，因此一部分介词还可以与动态助词"了""着"相结合，但是又因为它是由动词虚化而来，所以"了""着"表动态的作用已经不是很明显，有的已成了构词成

---

① 黎锦熙，刘世儒.汉语语法教材［M］.北京：商务印书馆，1957.

② 赵元任.汉语口语语法［M］.北京：商务印书馆，1979.

③ 张谊生.现代汉语虚词［M］.上海：华东师范大学出版社，2000.

④ 陈昌来.介词与介引功能［M］.合肥：安徽教育出版社，2002.

⑤ 石毓智.时间的一维性对介词衍生的影响［J］.中国语文，1995（1）.

分，如"除了""为了""本着"。①

（4）"着"是属性不明的固有成分。金昌吉也认为不应把介词后的
"着""了"看作体标记。一些常用的双音节介词中的"着""了"，都可
以看作介词本身固有的成分，如"为了""除了""本着""沿着"等，
而有些介词后边的"了""着"则是临时加上去以凑足音节的，如"当
着""按着""向着""乘着"等。②

关于"X着"类介词产生的途径。陈昌来认为，"X着"类介词的产生
是近代汉语中动态助词迅猛发展，相应的介词受动词后附"着"现象的影
响而发生类推的结果，也有些介词是受某种方言的影响而产生的，如"奔
着"。董秀芳认为，当"着"出现在连动结构的第一个动词后面而且这个动
词是及物动词的时候，即在"V着NPVP"框架中时，"V着"所处的句法位
置正是介词可以出现的位置。从语义上看，由于连动句中，句子的语义重心
是在接近句末位置的VP上，"V着"处在句子的核心之外，根据时间一维性
原则，有可能虚化为介词，"着"也就随之变为介词内的成分。③

我们把上述学者的研究分为两类，是为了清晰地说明问题，实际上，
这两类研究存在相互依存的关系。对"'X着'类介词是如何产生的？"这
一问题的回答直接决定着对"着"的性质的看法。只不过，有些学者，如黎
锦熙、赵元任等，在阐述"X着"中"着"的性质时，仅从共时角度进行分
析，并没有从历史角度探讨"X着"类介词的产生过程。因此，综合分析上
述两类研究发现，第一类研究中的学者虽然对"X着"中的"着"的性质持
不同的看法，但他们的观点实际上是承认介词"X着"是在介词"X"形成之
后，由介词"X"再加其他成分构成的。与之相对的是董秀芳的观点，她认
为介词"X着"不是由介词"X"加上助词"着"构成，也不是介词"X"加
体标记"着"演变而来，而是"动词+体标记'着'"处于容易虚化的位置
上词汇化而来的。

---

① 赵淑华. 介词和介词分类［G］//胡明扬. 词类问题考察. 北京：北京语言学院出版社，1996.

② 金昌吉. 汉语介词和介词短语［M］. 天津：南开大学出版社，1996.

③ 董秀芳. 论"X着"的词汇化［G］//北京大学汉语语言研究中心，《语言学论丛》编委会. 语言学论丛（第二十八辑）. 北京：商务印书馆，2003.

可见，上述问题学界还未形成统一的看法，到底"X着"类介词是如何发展而来，"着"的性质又该如何界定？与之相关的问题是现代汉语"X着"类介词绝大部分都有与之相关的"X"类介词，"X"类介词在"X着"类介词的形成过程中起到了什么作用？现代汉语的单音节介词不是所有都具有相应的"X着"类介词，为什么有些介词有相应的"X着"介词，而有些介词却没有？如果董秀芳的观点是正确的，那么汉语语料中应该呈现出"动词+体标记'着'"在"V着NPVP"中词汇化的发展轨迹。以上这些问题的合理解决都需要对"X着"类介词的产生和发展做更深入的考察。而在确定"着"的性质时，以往的研究主要着眼于"X"与"着"共现时的语料，对其中的"X"单用时的状态关注不足。

要解决以上问题，不能靠凭空想象，只能从语料中寻找答案。我们在查检语料的过程中有以下发现。

介词"朝着""冲着""向着""当着""对着""奔着""沿着""顺着""循着""本着""趁着""借着""就着""冒着""比着""为着""任着"在形成之前，语料中没有动词"朝着""冲着""向着""当着""对着""奔着""沿着""顺着""循着""本着""趁着""借着""就着""冒着""比着""为着""任着"的用例。

对象介词"照着"形成于元代，经所介词、依据介词"照着"产生于明代，介词"照着"在产生之前，语料中出现了动词"照着"的用例，如：

（1）石崇听得，随即推篷探头看时，只见月色满天，照着水面，月光之下，水面上立着一个年老之人。（刘坚、蒋绍愚《近代汉语语法资料汇编（宋代卷）·宋四公大闹禁魂张》）

（2）只一道火光飞，早四野烟云布，都出在我背上的这葫芦。火龙万队空中舞，明朗朗正照着那幽州路。（元朱凯《昊天塔孟良盗骨》第3折）

以上例句可见，从动词"照着"到介词"照着"的发展路径不明确，也就是说动词"照着"不具备发生语法化演变为介词"照着"的条件，动词"照着"都不处于"V着NPVP"框架中，无法发生语法化。

介词"按着"形成于明代，元代动词"按着"的用例如下：

（1）爷着小厮每把郭成拿在那马房里，对着他浑家面前，他便按着

头，我便提起铜铡来。（元武汉臣《包待制智赚生金阁》第2折）

（2）我做元戎实有才，堪宜挂面虎头牌。擒住房寇不轻放，<u>按着</u>鼻子咬他腮。（元无名氏《阅阅舞射柳蕤丸记》第二折）

上例中，虽然动词"按着"出现在了"V着NPVP"的句法环境之中，但是此处的"按着"都表示"用手向下压着"之义，没有虚化为依据介词的语义条件。

介词"凭着"形成于元代，元代之前未见动词"凭着"的用例，元代动词"凭着"用例如下：

（1）（刘无敌云）养爷，你放心，<u>凭着</u>我一身武艺，那尉迟敬德虽然是一员上将，他如今年纪高大，也敌不的我了。（元无名氏《小尉迟将斗将认父归朝》第1折）

（2）（芈旋云）哥哥，既是他下将战书来，<u>凭着</u>俺这里兵多将广，马壮人强，量吴国姬光到的那里，就怕着他哩！（元郑廷玉《楚昭王疏者下船》第1折）

上例中，"凭着"都表示"靠着"之义，虽然语义上具备了向依据介词虚化的条件，但是句法上没有处于"V着NPVP"框架之中，因此也不可能虚化为介词。

介词"乘着"形成于元代，元代之前未见动词"乘着"的用例，元代动词"乘着"用例如下：

（1）（王兽医云）你不是俞循礼的孩儿，是白鹭村韩弘道的孩儿。你休家去，你的父亲<u>乘着</u>鞍马，便来看你也。（元高茂卿《翠红乡儿女两团圆》第3折）

（2）趁烟霞伴侣，<u>乘着</u>这浮槎而去，兀的不朗吟飞过洞庭湖。（元范康《陈季卿误上竹叶舟》第1折）

上例中，动词"乘着"表示"乘坐"之义，不具备向条件介词虚化的语义条件，而且也没有处于"V着NPVP"框架之中，因此也不可能虚化为介词。

介词"仗着"形成于元代，元代之前未见动词"仗着"的用例，元代动词"仗着"用例如下：

（1）某也曾遣一勇士鉏麑，仗着短刀，越墙而过，要刺杀赵盾，谁想鉏麑触树而死。（元纪君祥《赵氏孤儿大报仇》楔子）

（2）国舅仗着宝剑道：你家中有小太子重耳，好生将得项上头来便休，若不将出头来，教您全家儿赐死。（元狄君厚《晋文公火烧介子推》第3折）

上例中，动词"仗着"表示"倚靠"之义，具备向凭借介词虚化的语义条件，但没有处于"V着NPVP"框架之中，因此也不可能虚化为介词。

介词"挨着"形成于清代，明代动词"挨着"用例如下：

迎春便挨着他坐，如意坐在右边炕头上，潘姥姥坐在当中。（明兰陵笑笑生《金瓶梅》第78回）

上例中，动词"挨着"虽然处于"V着NPVP"框架之中，但是语义上表示"靠近"，没有虚化为依据介词的语义条件，不能发生语法化。

介词"随着"形成于元代，宋代动词"随着"的用例如下：

（1）众人随着脚跟儿走，围住婆娘问道："张员外家赃物藏在那里？"（刘坚、蒋绍愚《近代汉语语法资料汇编（宋代卷）·宋四公大闹禁魂张》）

（2）婆娘哭哭啼啼，将孩子寄在邻家，只得随着众人走路。（刘坚、蒋绍愚《近代汉语语法资料汇编（宋代卷）·宋四公大闹禁魂张》）

上例中，动词"随着"表示"跟随"，"跟随"具备发展为经所介词的语义触发点，同时"随着"处于"V着NPVP"框架中，具有发生语法化演变为介词的句法条件，因此动词"随着"可能发生语法化，产生介词"随着"。

介词"依着"形成于元代，宋代未见动词"依着"的用例，元代出现了动词"依着"的用例，多用于"V着NP"的句法环境中，很少用于"V着NPVP"的句法环境，如：

（1）（关末云）嫂嫂，当初依着关羽呵，今日不道的有失也。（元无名氏《关云长千里独行》第1折）

（2）（娄青云）您孩儿便依着爷的言语，对城隍神道祝祷了。（元武汉臣《包待制智赚生金阁》第3折）

（3）俺二人自从到陈州开仓粜米，依着父亲改了价钱，插上糠土，克

116

落了许多钱钞，到家怎用得了。（元无名氏《包待制陈州粜米》第3折）

例（3）中，"依着"处于"V着NPVP"框架中，具有发生语法化演变为介词的句法条件。以上各例中，动词"依着"表示"依从"，具备向依据介词虚化的语义条件。因此，动词"依着"可能发生语法化，产生介词"依着"。

介词"靠着"形成于元代，元代之前未见动词"靠着"的用例，元代动词"靠着"用例如下：

我见他姿姿媚媚容仪，我几曾稳稳安安坐地？向旁边踢开一把银交椅，我则是靠着个栲栳圈站立。（元关汉卿《温太真玉镜台》第3折）

上例中，动词"靠着"表示"倚靠"之义，具备向凭借介词虚化的语义条件，而且处于"V着NPVP"框架之中，因此可能虚化为介词。

通过以上分析，我们发现，"X着"类介词中绝大部分都不具备由动词"X着"向介词"X着"虚化的条件，只有"依着""靠着""随着"例外，所以仅凭少数情况，就断定介词"X着"是"动词+体标记'着'"因为处于容易虚化的"V着NPVP"中"V着"的位置上虚化而来的观点站不住脚。因此可以确定的是，"X着"类介词是由介词"X"后附"着"形成的，介词"X"形成在前，事实也是如此，与介词"X着"相关的介词"X"产生时间都早于"X着"（介词"按"产生于汉代，介词"奔"产生于元代，介词"比"产生于汉代，介词"朝"产生于元代，介词"趁"产生于宋代，介词"对"产生于汉代，介词"借"产生于先秦，介词"就"产生于唐代，介词"靠"产生于宋代，介词"冒"产生于唐代，介词"凭"产生于唐代，介词"顺"产生于南北朝，介词"为"产生于先秦，介词"向"产生于南北朝，介词"循"产生于汉代，介词"沿"产生于魏晋，介词"依"产生于魏晋，介词"仗"产生于汉代，介词"照"产生于宋代，介词"冲"产生于唐代，介词"随"产生于汉代。）。很多学者认为，动态助词"着"在唐代已经产生。[①]而"X着"类介词都是在唐代以后才出现的，这也证明了"X着"类介词是在介词"X"和助词"着"产生之后，由两者复合而成的。为什么"X着"类介词多产生于元代，李崇兴认为，介词后带"着"的用法产生于元

[①] 赵金铭.汉语研究与对外汉语教学［M］.北京：语文出版社，1997.

代，主要是由于汉语与蒙古语语言接触的影响。蒙古语并列式和联合式副动词表示该动作与其他动作同时或先后进行，其附加成分常用汉语的动态助词"着"对译。对译的结果是使助词"着"的适用范围扩大，语法功能也随之改变。①

  综上，"X着"是由介词"X"和助词"着"复合而成的，在产生初期，"X"与"着"的结合并不紧密，在近代汉语中，经常出现"X着"与"X了"混用的情况，如"照着"与"照了"、"向着"与"向了"、"冲着"与"冲了"、"朝着"与"朝了"等，即在产生初期，"X"与"着"还是两个词，而随着时间的推移，在现代汉语中，"X着"作为整体的介词性进一步加强，"X着"与"X了"已不再混用，"X着"整体变为一个介词，"着"也进一步虚化为构词语素。

---

① 李崇兴.论元代蒙古语对汉语语法的影响［J］.语言研究，2005（3）.

第十二章 介词产生的动因与机制

　　介词是汉语中一类重要的虚词。介词的产生问题是介词研究中的一个重要方面。目前，学者们已经达成的共识是多数介词是由动词经过语法化过程产生的，这一过程即"实词虚化"。关于"实词虚化"的机制，从20世纪80年代开始，学者们多有涉及，如：梅祖麟、解惠全、刘坚、洪波、沈家煊、陈昌来、邢志群、张旺熹、吴金花等。而多数学者在探讨"实词虚化"的机制时，把介词产生的"动因"和"机制"两个概念放在一起探讨，不加区分，没有明确二者的界限，或称"因素"，或称"机制"。对这两个概念的内涵认识不清，使得上述成果中有关动因和机制的指称范围形成了"你中有我，我中有你"的关系，造成了理解上的混乱和偏差。李宗江提出对语法化的"动因"和"机制"加以区分的思想，我们深以为然。通俗地说，动因用于回答"什么条件促使语法化发生"，而机制用于回答"语法化是怎样或如何发生的"，两个概念是完全不同的。

第一节　介词产生的动因

一、句法环境

　　句法环境是指引发介词产生的句法框架，介词一般由动词虚化而来，作为主要谓语的动词无法完成虚化，只有当动词处于句法中次要位置时，即"V1+NP1+V2+NP2"连动结构的非语义核心位置上时，才能发生虚化，因此句法环境是介词产生的前提，没有合适的句法环境，介词就无法产生。

二、语义条件

介词的语义或多或少都与其语法化源词的语义有关联。而语法化源词本义与新生的介词的语义的联系往往不是透明的，由本义引申出来的语法义与后起的介词义之间的联系更直接，所以本义引申为语法义的过程就为介词义的产生提供了语义的触发点，这也是语法化源词语义逐渐虚化的过程，虚化到一定程度，语法功能发生变化后，就产生了介词。

第二节　介词产生的机制

一、重新分析

重新分析使得介词所处的句法结构发生了重新认定，句法结构并未改变，但是人们对句法结构的理解却发生了变化，这些介词的源词所处的句法结构即连动结构被重新认定为偏正结构或动补结构，句法结构的重新认定使得处于非核心位置的"V+NP"中的"V"被重新分析为介词。

二、隐喻机制

隐喻是一种重要的认知模式，是新的语言意义产生的根源。隐喻是把一个领域的概念投射到另一个领域，是从一个认知域向另一个认知域投射的认知方式。一般而言，是指由具体概念去理解、建构或界定抽象概念的方式。隐喻在日常语言的运用是相当普遍的，它不是特殊的语言表达手段，而是代表了语言的常态，同时隐喻不是个别的、随意的，而是有系统的。

隐喻包括结构隐喻、方位隐喻和实体隐喻三种类别。在汉语介词产生的过程中，隐喻的作用不容忽视，隐喻使得产生介词的源词的搭配对象范围扩大，由具体的搭配对象扩展为表示抽象义的搭配对象，搭配对象的语义反过来对源词的语义产生影响，源词的意义逐渐泛化、虚化，源词语义的虚化进一步反射到句法上，使得源词所在的句法结构的句法功能发生变化，成为修饰或补充成分，介词也就随之产生了。

三、语用推理

一般而言，一个词都包含多种意义，有些意义是外显的，有些意义是隐含的。语用推理是把语词的隐含意义外显出来的机制。言语交际的过程是"编码—解码"的过程，在"解码"过程中，人们从有限的话语中总能推导出言外之意，而言外之意的推导过程就是语用推理的过程。这些蕴含在话语或语词之外的意义经过人们的广泛、大量的使用，逐渐发展成为常用义，并固化到语词之上。所以，语用推理是词义演变的重要机制，也是语法化的重要机制。毫无疑问，汉语介词的产生受到了语用推理的影响，也就是说，语用推理对汉语介词的产生起到了推动作用。语用推理过程是在人们的日常交际中发生的，交际使用是语用推理得以发生的前提，而交际中的大量使用又使语用推理进程加快，语词的新义或新用法在此过程中得到巩固，被人们接受。

四、同步引申

同步引申是语词意义演变的又一推动机制，其指在同一语义场中，一个词的意义发生变化后会相应影响或带动与它有相近意义的词也发生意义的变化，而变化的方向又与已经发生变化的词是类似的。

参考文献

［1］鲍尔·J·霍伯尔.语法化学说［M］.梁银峰，译.上海：复旦大学出版社，2008.

［2］陈昌来.介词与介引功能［M］.合肥：安徽教育出版社，2002.

［3］陈昌来.现代汉语语义平面问题研究［M］.北京：学林出版社，2003.

［4］陈承泽.国文法草创［M］.北京：商务印书馆，1982.

［5］储泽祥.汉语空间短语研究［M］.北京：北京大学出版社，2010.

［6］董秀芳.词汇化：汉语双音词的衍生和发展［M］.成都：四川民族出版社，2002.

［7］冯春田.近代汉语语法研究［M］.济南：山东教育出版社，2000.

［8］傅雨贤.现代汉语介词研究［M］.广州：中山大学出版社，1997.

［9］郭翼舟.副词 介词 连词［M］.上海：上海教育出版社，1984.

［10］洪波.论平行虚化［J］.汉语史研究集刊，1999（0）：1-13.

［11］洪波.汉语历史语法研究［M］.北京：商务印书馆，2010.

［12］蒋绍愚，曹广顺.近代汉语语法史［M］.北京：商务印书馆，2005.

［13］金昌吉.汉语介词和介词短语［M］.天津：南开大学出版社，1996.

［14］景士俊.现代汉语虚词［M］.呼和浩特：内蒙古人民出版社，1980.

［15］黎锦熙.新著国语文法［M］.北京：商务印书馆，1992.

［16］黎锦熙，刘世儒.汉语语法教材［M］.北京：商务印书馆，1957.

［17］黎锦熙.黎锦熙语言文字学论著选集［M］.北京：北京师范大学出版社，2002.

［18］李如龙，张双庆.介词［M］.广州：暨南大学出版社，2000.

［19］刘丹青.语序类型学与介词理论［M］.北京：商务印书馆，2003.

［20］刘丹青.语言学前沿与汉语研究［M］.上海：上海教育出版社，2005.

［21］刘坚.近代汉语读本［M］.上海：上海教育出版社，2005.

［22］马贝加.近代汉语介词［M］.北京：中华书局，2002.

［23］马建忠.马氏文通［M］.北京：商务印书馆，1983.

［24］石毓智，李讷.汉语语法化的历程：形态句法发展的动因和机制［M］.北京：北京大学出版社，2001.

［25］石毓智.语法化的动因与机制［M］.北京：北京大学出版社，2006.

［26］石毓智.语法化理论：基于汉语发展的历史［M］.上海：上海外语教育出版社，2011.

［27］太田辰夫.中国语历史文法［M］.北京：北京大学出版社，2003.

［28］汪维辉.东汉—隋常用词演变研究［M］.南京：南京大学出版社，2000.

［29］王凤阳.古辞辨［M］.长春：吉林文史出版社，1993.

［30］王力.汉语史稿［M］.北京：中华书局，2015.

［31］王力.汉语语法史［M］.北京：商务印书馆，1989.

［32］王力.中国语言学史［M］.上海：复旦大学出版社，2005.

［33］吴福祥.敦煌变文语法研究［M］.长沙：岳麓书社，1996.

［34］吴福祥.汉语语法化研究［M］.北京：商务印书馆，2005.

［35］向熹.简明汉语史［M］.北京：高等教育出版社，1998.

［36］杨伯峻，何乐士.古汉语语法及其发展［M］.北京：语文出版社，1992.

［37］杨树达.高等国文法［M］.北京：商务印书馆，1984.

［38］齐沪扬，张谊生，陈昌来.现代汉语虚词研究综述［M］.合肥：安徽教育出版社，2002.

［39］张斌.现代汉语描写语法［M］.北京：商务印书馆，2010.

［40］张谊生.现代汉语虚词［M］.上海：华东师范大学出版社，2000.

［41］赵克诚.近代汉语语法［M］.西安：陕西师范大学出版社，1987.

［42］赵艳芳.认知语言学概论［M］.上海：上海外语教育出版社，2001.

［43］赵元任.汉语口语语法［M］.北京：商务印书馆，1979.

［44］朱德熙.语法讲义［M］.北京：商务印书馆，1982.

［45］曹小云.语法化理论与汉语历史语法研究［J］.宁波大学学报（人文科学版），2005（3）：70-75.

［46］陈昌来.汉语介词的发展历程和虚化机制［J］.柳州职业技术学院学报，2002（3）：15-22.

［47］储泽祥，谢晓明.汉语语法化研究中应重视的若干问题［J］.世界汉语教学，2002（2）：2；5-12.

［48］戴浩一，黄河.时间顺序和汉语的语序［J］.国外语言学，1988（1）：10-20.

［49］董秀芳.论"X着"的词汇化［G］//语言学论丛（第二十八辑）.北京：商务印书馆，2003.

［50］董秀芳.现实化：动词重新分析为介词后句法特征的渐变［G］//语法化与语法研究（四）.北京：商务印书馆，2009.

［51］高丽萍.认知域间的转移：语法化的一种解释［J］.湘潭师范学院学报（社会科学版），2009，31（3）：209-211.

［52］高增霞.连动结构的隐喻层面［J］.世界汉语教学，2005（1）：22-31；114.

［53］谷峰.西方语法化理论概览（上）［J］.南开语言学刊，2008（1）：140-146；169.

［54］谷峰.西方语法化理论概览（下）［J］.南开语言学刊，2008（2）：43-49；164.

［55］洪波.论汉语实词虚化的机制［G］//郭锡良.古汉语语法论集.北京：语文出版社，1998.

［56］洪波.论平行虚化［G］//四川大学汉语史研究所.汉语史研究集刊（第二辑）.成都：巴蜀书社，2000.

［57］江蓝生.时间词"时"和"后"的语法化［J］.中国语文，2002（4）：291-301；381.

［58］江蓝生.汉语连—介词的来源及其语法化的路径和类型［J］.中国语文，2012（4）：291-308；383.

［59］金昌吉.动词后的介词短语及介词的虚化［J］.河南师范大学学报（哲学社会科学版），1995（3）：50-53.

［60］金昌吉.谈动词向介词的虚化［J］.汉语学习，1996（2）：13-18.

［61］黎锦熙，刘世儒.汉语介词的新体系［G］//胡裕树.现代汉语参考资料.上海：上海教育出版社，1982.

［62］李崇兴.论元代蒙古语对汉语语法的影响［J］.语言研究，2005（3）：77-81.

［63］李永."一个动词核心"的句法限制与动词的语法化［J］.河南师范大学学报（哲学社会科学版），2003（3）：53-56.

［64］李永.语法义素的凸显与动词的语法化［J］.山东师范大学学报（人文社会科学版），2005（5）：32-37.

［65］李永.汉代以后的语法环境与动词的语法化［J］.西南民族大学学报（人文社科版），2009，30（6）：272-275.

［66］李永.汉语语序的历史变化对动词语法化的影响［J］.语言教学与研究，2011（1）：48-53.

［67］李宗江.关于语法化的并存原则［J］.语言研究，2002（4）：88-90.

［68］李宗江.句法成分的功能悬空与语法化［G］//吴福祥，洪波.语法化与语法研究（一）.北京：商务印书馆，2003.

［69］李宗江.关于语法化机制研究的几点看法［G］//吴福祥，崔希亮.语法化与语法研究（四）.北京：商务印书馆，2009.

［70］刘丹青.语法化中的更新、强化与叠加［J］.语言研究，2001（2）：71-81.

［71］刘丹青.重新分析的无标化解释［J］.世界汉语教学，2008（1）：5-18；2.

［72］刘丹青.汉语的若干显赫范畴：语言库藏类型学视角［J］.世界汉语教学，2012，26（3）：291-305.

［73］刘红妮."加以"的多元词汇化与语法化［J］.语言科学，2011，10（6）：629-639.

［74］刘坚，曹广顺，吴福祥.论诱发汉语词汇语法化的若干要素［J］.中国

语文，1995（3）：9.

［75］刘瑾.从语法化角度看语言共性［J］.贵州师范大学学报（社会科学版），2006（2）：130-133.

［76］刘永耕.《马氏文通》对实词虚化的研究［J］.福建师范大学学报（哲学社会科学版），2005（1）：89-94.

［77］刘永耕.动词"给"语法化过程的义素传承及相关问题［J］.中国语文，2005（2）：130-138；192.

［78］陆丙甫.从语义、语用看语法形式的实质［J］.中国语文，1988（5）：353-367.

［79］马贝加.介词"按、依、乘、趁"探源［J］.温州师院学报（哲学社会科学版），1990（3）：25-34.

［80］马贝加.介词"照"的产生［J］.温州师范学院学报，1992（1）：13-14.

［81］马贝加.方式介词"凭、据、随、论"的产生［J］.温州师范学院学报，1992（2）：67-70.

［82］马贝加.在汉语历时分析中如何区分动词和介词［J］.中国语文，2003（1）：59-65；96.

［83］马贝加.动词的词类变换在汉语语法化过程中的作用［G］//吴福祥，洪波.语法化与语法研究（一）.北京：商务印书馆，2003.

［84］马贝加.语法化过程中名词的次类变换［G］//沈家煊，吴福祥，马贝加.语法化与语法研究（二）.北京：商务印书馆，2005.

［85］马清华.词汇语法化的动因［J］.汉语学习，2003（2）：15-20.

［86］马清华.汉语语法化问题的研究［J］.语言研究，2003（2）：63-71.

［87］梅祖麟.现代汉语完成貌句式和词尾的来源［J］.语言研究（创刊号），1981（0）：65-77.

［88］梅祖麟.汉语方言里虚词"著"字三种用法的来源［J］.中国语言学报，1988（3）：193-216.

［89］梅祖麟.汉语语法史中几个反复出现的演变方式［G］//郭锡良.古汉语语法论集，北京：语文出版社，1998.

［90］彭睿. 语法化"扩展"效应及相关理论问题［J］. 汉语学报，2009
　　　（1）：50-64；96.

［91］齐春红，邱涧. 谈动词到介词的虚化和介宾短语的入句位置［J］. 云南
　　　师大学报，2003（2）：67-70.

［92］沈家煊. "语法化"研究综观［J］. 外语教学与研究，1994（4）：17-
　　　24；80.

［93］沈家煊. 实词虚化的机制：《演化而来的语法》评介［J］. 当代语言
　　　学，1998（3）：41-46.

［94］沈家煊. 语法研究的目标——预测还是解释？［J］. 中国语文，2004
　　　（6）：483-492；575.

［95］沈家煊. 跟语法化机制有关的三对概念［G］//吴福祥，崔希亮. 语法化
　　　与语法研究（四）. 北京：商务印书馆，2009.

［96］石毓智. 时间的一维性对介词衍生的影响［J］. 中国语文，1995
　　　（1）：1-10.

［97］史冬青. 汉语介词研究评述［J］. 东岳论丛，2007（6）：75-77.

［98］孙朝奋.《虚化论》评介［J］. 国外语言学，1994（4）：18；19-25.

［99］孙锡信. 语法化机制探赜［G］//《纪念王力先生百年诞辰学术论文
　　　集》编辑委员会. 纪念王力先生百年诞辰学术论文集. 北京：商务印书
　　　馆，2002.

［100］汪维辉. 汉语常用词演变研究的若干问题［J］. 南开语言学刊，2007
　　　（1）：88-94；166.

［101］王凤敏. 关于语法化及语法化五个方面的述评［J］. 河南大学学报
　　　（社会科学版），2005（5）：161-164.

［102］王建伟，苗兴伟. 语法化现象的认知语用解释［J］. 外语研究，2001
　　　（2）：32-35.

［103］王寅，严辰松. 语法化的特征、动因和机制：认知语言学视野中的语
　　　法化研究［J］. 解放军外国语学院学报，2005（4）：1-5；68.

［104］王志霞，曹伟明. 语法化的隐喻本质［J］. 外国语文，2010，26
　　　（4）：46-48.

[105] 文旭.《语法化》简介 [J]. 当代语言学，1998（3）：47-48.

[106] 吴福祥. 汉语能性述补结构"V得/不C"的语法化 [J]. 中国语文，2002（1）：29-40；95.

[107] 吴福祥. 汉语伴随介词语法化的类型学研究 [J]. 中国语文，2003（1）：43-58；96.

[108] 吴福祥. 关于语法化的单向性问题 [J]. 当代语言学，2003（4）：307-322；379.

[109] 吴福祥. 近年来语法化研究的进展 [J]. 外语教学与研究，2004（1）：18-24.

[110] 吴福祥. 汉语历史语法研究的检讨与反思 [J]. 汉语史学报，2005（0）：13-36.

[111] 吴福祥. 汉语语法化研究的当前课题 [J]. 语言科学，2005（2）：20-32.

[112] 吴福祥. 汉语历史语法研究的目标 [J]. 古汉语研究，2005（2）：2-14.

[113] 吴福祥. 汉语体标记"了、着"为什么不能强制性使用 [J]. 当代语言学，2005（3）：237-250；286.

[114] 吴福祥. 语法化理论、历史句法学与汉语历史语法研究 [G]//刘丹青. 语言学前沿与汉语研究. 上海：上海教育出版社，2005.

[115] 吴福祥. 语法化的新视野：接触引发的语法化 [J]. 当代语言学，2009（3）：193-206；285.

[116] 吴金花. 汉语动词介词化动因考察 [J]. 福建师范大学学报，2005（5）：93-96.

[117] 向明友，黄立鹤. 汉语语法化研究：从实词虚化到语法化理论 [J]. 汉语学习，2008（5）：78-87.

[118] 解惠全. 谈实词的虚化 [G]//《语言研究丛论》编委会. 语言研究论丛（四）. 天津：南开大学出版社，1987.

[119] 邢志群. 汉语动词语法化的机制 [G]//北京大学汉语语言学研究中心，《语言学论丛》编委会. 语言学论丛（第二十八辑）. 北京：商

务印书馆，2003.

［120］许嘉璐. 论同步引申［G］//许嘉璐. 未辍集：许嘉璐古代汉语论文选
　　　　［M］. 北京：中国社会科学出版社，2000.

［121］杨成虎. 袁仁林《虚字说》与语法化研究［J］. 燕山大学学报（哲学
　　　　社会科学版），2000（4）：75-79.

［122］杨成虎. 语法化理论评述［J］. 山东师大外国语学院学报，2000
　　　　（4）：10-14.

［123］张其云，刘小玲. 论语法化现象内部机制的认知体验基础［J］. 外语
　　　　学刊，2009（2）：37-39.

［124］张旺熹. 汉语介词衍生的语义机制［J］. 汉语学习，2004（1）：1-11.

［125］张秀松. 国外语法化研究中的争论［J］. 语文研究，2011（1）：6-17.

［126］张谊生. 论与汉语副词相关的虚化机制［J］. 中国语文，2000（1）：
　　　　3-15；93.

［127］张谊生. 语法化现象在不同层面中的句法表现［J］. 语文研究，2010
　　　　（4）：12-19.

［128］张有军. 语法化与范畴化：语法化过程中的认知机制［J］. 东北大学
　　　　学报（社会科学版），2009，11（2）：178-183.

［129］赵金铭. 汉语研究与对外汉语教学［M］. 北京：语文出版社，1997.

［130］赵淑华. 介词和介词分类［G］//胡明扬. 词类问题考察. 北京：北京语
　　　　言学院出版社，1996.

［131］周芍，邵敬敏. 试探介词"对"的语法化过程［J］. 语文研究，2006
　　　　（1）：24-30.

［132］韦其标. 现代汉语凭据性介词研究［D］. 桂林：广西师范大学，2008.

［133］魏兆惠. 周秦两汉连动式的发展变化［D］. 武汉：华中科技大学，
　　　　2005.

［134］吴金花. 中古汉语时间介词研究［D］. 福州：福建师范大学，2006.

［135］周四贵. 元明汉语介词研究［D］. 苏州：苏州大学，2010.

［136］北大中文系1955、1957级语言班. 现代汉语虚词例释［M］. 北京：商
　　　　务印书馆，1982.

［137］汉语大词典编辑委员会，汉语大词典编纂处. 汉语大词典（13卷）
　　　　［M］.上海：汉语大词典出版社，1990.

［138］李荣.现代汉语方言大词典［M］.南京：江苏教育出版社，2002.

［139］吕叔湘.现代汉语八百词（增订本）［M］.北京：商务印书馆，
　　　　1999.

［140］［清］段玉裁.说文解字注［M］.上海：上海古籍出版社，1988.

［141］张斌.现代汉语虚词词典［M］.北京：商务印书馆，2001.

［142］中国社会科学院语言研究所词典编辑室. 现代汉语词典［M］.北
　　　　京：商务印书馆，2016.